추천의 글

김치 발명 이래 가장 위대하고 엄청난 지혜로 가득한 책이다. 친구인 밥 로버츠 목사는 이 세상을 덮을 만큼 넓은 가슴을 가진 사람이다. 그의 주변에 있으면서 도전받지 않는다는 것은 불가능한 일이다.

Rick Warren, Founding pastor of Saddleback Church and author of
<The Purpose-Driven Life>

저자 밥 로버츠 목사는 형태만 갖춘 지역 교회가 실제 기능을 하는 교회로, 단순한 예배 중심에서 주님의 증인으로, 아는 사람끼리 그저 즐겁게 모이는 차원에서 영혼을 구원하는 차원으로, 글로벌(Global)에서 글로컬(Glocal, Global과 Local의 합성어로서 지역적이면서 동시에 세계적임을 나타낸다-역자 주)로 나아갈 수 있도록 커다란 길안내 지도를 제공한다. 보다 효과적인 온전히 변화된 삶을 원한다면 이 책은 바로 당신을 위한 책이다.

James O. Davis, Cofounder/President/CEO, Global Pastors Network, Orlando, FL

폐쇄적이거나 심지어는 위험하기까지 한 다른 문화 속으로 교회가 담대하게 공개적으로 들어가 하나님 왕국이 그 문화에 임팩트를 끼치는 관계를 수립한다는 것이 불가능한 일이라고 하지 말라. 밥 로버츠 목사는 이미 그 일을 했기 때문이다. 이 책은 읽는 이에게 영감을 불어넣고 도전을 주어 주님의 지상 명령을 수행하는 데 있어 새로운 지평을 열어줄 것이다.

Jerry Rankin, President, International Mission Board, SBC

밥 로버츠 목사와 그의 가족, 그리고 노우스우드 교회는 형태를 넘어서는 실제를 발견해가며 과감한 여행을 하고 있다. 이 책은 그 여행에서 일어나는 과정을 적은 것이다. 말로만 또는 상상 속에서만 세상을 변화시키겠다고 기염을 토하는 데서 벗어나 안팎으로 온전한 변화를 일으키는 주님의 에이전트로서 전체 회중을 인도하기 원하는 목사들과 교회 지도자들에게 신선한 자극과 도전을 주는 귀한 책이다.

Ray Bakke, founder of International Urban Associates

> "김치 발명 이래 가장 위대하고 엄청난
> 지혜로 가득한 책이다."
> - Rick Warren

밥 로버츠 목사는 그의 이름에서 보듯(로버츠(Roberts)의 약칭이 "밥(Bob)"이니 같은 이름이 중복된다-역자 주) 하나의 이름으로는 성에 차지 않는, 두 몫 이상의 삶을 영위하는 거인이다. 당신이 밥의 경우처럼 텍사스가 좁다고 느낄 정도라면(텍사스는 알래스카를 제외하고 미국에서 가장 큰 주(州)다-역자 주) 당신은 엄청난 잠재력을 가진 사람이다. 밥 로버츠 목사는 온 세상이 구세주 예수 그리스도에 대해 들을 때까지 결코 쉬지 않을 것이다. 밥 목사와 함께라면 나는 그 어떤 역경도 기쁨으로 받아들이겠다.

Neil Cole, author of <Organic Church: Growing Faith Where Life Happens>, <Cultivating a Life for God>, Founding Leader of Awakening Chapels and director of Church Multiplication Associates

밥 로버츠 목사는 새로운 종류의 교회 지도자다. 그는 큰 교회들을 세운 후 그 교회들을 배가시킬 지도자들을 세운다. 수백 명을 섬기는 지도자들이 아니라 수천 명을 섬기는 지도자들이 되도록 하기 위함이다. 밥 로버츠 목사는 슈퍼맨처럼 네모진 턱에 근육질이며, 엄청난 활동력의 소유자다. 전쟁터에서라면 따르고 싶은, 큰 바위 얼굴 같은 그런 인물이다. 그는 교회를 세워 하나님 왕국을 확장하는 팀을 육성하는 데 열정을 가지고 있다. 이 책은 그 방법을 보여준다.

Bob Buford, founder of leadership Network, the Drucker Foundation for Non-Profit Management, and author of <Halftime>

끝없는 에너지, 깊고 혁신적인 믿음, 타고난 지성, 어떤 위험도 감수하는 용기, 세상을 변화시키고자 하는 활동가의 열정, 온 세계를 품는 비전이 모든 것들을 한 사람 안에 조합한다면 어떤 일이 일어날까? 밥 로버츠 목사가 바로 그런 사람이다. 그는 텍사스만큼이나 넓은 가슴의 소유자다. 주 안에서 형제 된 이 독특한 밥 로버츠 목사의 영향을 받을 때마다 나는 여러 면에서 유익을 누린다. 우리를 흥분시키고, 도전을 주며, 근본적인 변화를 일으키는 이 책을 통해 그의 영향력이 퍼져 나간다고 생각하니 흥분을 감출 수 없다.

Brian McLaren, pastor (crcc.org) and author (anewkindofchristian.com)

어떤 사람들은 달리 생각하겠지만 오늘날의 교회는 아직도 과거의 방식에서 벗어나지 못하고 있다. 사람들을 분발시키는 혁신을 못 하고 있다는 말이다. 기독교의 핵심이 무엇인가? 크리스천의 근본적인 중심의 변화다(고후 3:18). 사람들의 삶에 근본적인 변화를 촉진하기 위해 구습에서 벗어나는 교회의 혁신이 필요하다. 밥 로버츠 목사는 이 부분에 있어 엄청난 사역을 하고 있다. 그의 영향력이 절실히 필요하다.

Aubrey Malphurs, president of the Malphurs Group and professor at Dallas Seminary

용감한 형제 밥 로버츠 목사는 우리의 삶과 사역을 전부 걸 만한 가치가 있는 하나님과 그의 왕국을 맛본 사람이다. 복음을 온 세상에 전하기 위한 그의 열정은 신선하며 이 시대의 보물이라 하겠다.

Mark Driscoll, pastor of Mars Hill Church and president of the Acts 29 Network

밥 로버츠 목사는 실천가로서의 열성, 예리한 감성, 그리고 선교 사역에 대한 열정을 소유한 인물이다. 이 책을 읽으며 내 삶 속에서, 그리고 우리 교회 전체가 온전한 변화와 사역을 위해 좀 더 깊이 헌신해야겠다는 도전을 받음과 동시에 힘을 얻었다.

Ed Stetzer, author of <Planting New Churches in a Postmodern Age>

하나님 왕국과 트랜스포메이션을 깨닫는 순간, 모든 것이 밥 로버츠 목사에게 명확히 드러났다. 한 순간도 이 책에서 눈을 뗄 수 없게 하는 그의 여정과 그 여정에서 발견한 것들에 대한 이야기는 미국뿐 아니라 온 세상의 크리스천과 교회를 향해 변하지 않는 원리와 교훈을 제시하며 우리의 영감을 불러일으킨다. 우리 크리스천과 교회는 변화될 수 있으며 그 변화는 현재 진행 중이다.

Luis Bush, Transform World Connections International Facilitator

이 책에서 밥 로버츠 목사가 제공하는 것은 소위 말하는 교회 성장 프로그램이나 패키지 등과는 비교할 수 없을 정도로 훨씬 소중하다. 그가 개인적으로 완전히 깨어지며 그 잿더미로부터 나온 성공의 이야기다. 진정한 부흥이란 온 도시와 열방과 총체적으로 긴밀하게 연결되었는가의 여부로 알 수 있다면, 그 시작은 개인의 중심 변화(트랜스포메이션)에서부터 비롯됨을 알아야 한다.

George Otis Jr., CEO, The Sentinel Group

이 책은 많은 다른 나라에서 갈채를 보낼 만한 미국 책이다. 교묘히 우리를 빠져나가는 어떤 해답들에 대해 다리를 놓아주는 책이다. 이 책은 그동안 미국 교회가 어떤 잘못을 해왔는지 명백히 보여주며, 동시에 미래에 대한 소망의 뼈대를 튼실하게 세워준다. 우리의 미래는 사역, 트랜스포메이션, 하나가 되는 것, 순례자로서의 삶, 그리고 우리를 창조하신 하나님과의 친밀한 동행이라 하겠다.

Andrew Jones Boaz, director of Boaz Project (http://tallskinnykiwi.com)

Transformation

 라이프

어떻게
글로컬 교회가
삶을 바꾸고
교회를
바꿀 수 있을까

Bob Roberts Jr.

Transformation - Korean Edition

Originally published in the U.S.A. under the title: *Transformation*
Copyright © 2006 by **Bob Roberts, Jr.**
Published by permission of Zondervan, Grand Rapids, Michigan
All rights reserved.

Korean translation copyright ©2006 by Good Life Publishing, Inc. (GLPI)
Korean edition ©2007 by Good Life Publishing, Inc. (GLPI)

3880 Greenhouse Rd. #27
Houston, Texas 77084 USA
www.goodlifepubinc.com
info@goodlifepubinc.com
Printed in the Korea

All rights reserved. No portion of this book may be reproduced in any form without the written permission of the Publisher.

나의 가장 위대한 영웅에게 -
내가 살아오면서 믿게 된 것, 그리고 이 책에 기록한 대부분을 삶으로
그대로 보여준 분 -
나의 어머니 게이 로버츠(Gaye Roberts)에게
이 책을 바친다.

또한, 나의 가장 큰 소망인 미래의 교회들 -
노우스우드 교회 사역자들의 자녀들 -
벤, 질, 티, 페이지, 앤드루, 에디, 카라, 엘리슨, 렉시, 코빈, 랜드리,
에린, 지나, 제이미 R., 린지, 미셸, 데릭, 조던 R., 로렌, 조던 D.,
모건, 메이슨, 케이트린, 조던 F., 앰버, 애쉴리, 파커, 조던 W.에게
이 책을 바친다.

C.o.n.t.e.n.t.s

한국 크리스천에게 드리는 글 ● 10

Part 1
교회를 향해 던지는 중요한 질문: 만일 당신 교회가…
1. 우리의 음성을 어떻게 다시 찾을 것인가? ● 20
2. 도대체 교회가 자리매김해야 할 곳은 어디인가? ● 48
3. 왜 우리는 근본적 변화가 아닌 양적 성장만 추구하고 있는가? ● 72

Part 2
T-라이프: 개인적인 온전한 변화를 위한 문화를 창조하라
4. 도대체 언제쯤이면 주님 한 분만으로 만족할 수 있을까? ● 94
5. 예수님을 따른다는 것이 과연 니 혼자만의 일일 수 있을까? ● 119
6. 교회가 선교사라면…? ● 131

Part 3
T-월드: 트랜스포메이션을 위한 교회를 창조하라
7. 전체 교회가 세상을 흔들어 놓는다면… ● 156
8. 그 지역에서 가장 큰 교회가 되길 원하는가? 아니면 그 지역을 교회화하길 원하는가? ● 172
9. 빌리 그래함과 테레사 수녀를 조합한 교회 ● 193

Letter to Korean Christians

I love Koreans! You are my heroes! The Church in Korea is doing more to change the world than any other church from any other nation on the face of the earth today. No matter where I go in the world to serve Jesus, Koreans are there first in Afghanistan, Kazakhstan, Vietnam, Indonesia - everywhere!

Korea, the place where in the past one hundred years the church has exploded.

Korea, the place where Christians pray like no where else in the world.

Korea, the place where house and cell churches were started that infected Korea, then China, and now the world.

Korea, the number one place of mega-churches in the world.

Korea, key nation from which the gospel is spreading from Korea to other nations.

Korea and Asia is the place where I learn more how to love God and do church than any other nation or group of people in the world today. In my early ministry I learned from white mega-church pastors - not anymore - I learn more from Asian pastors and churches than anyone else. I feel very unworthy to write a book to tell you anything - you have been my teachers. What I write is what I have learned from you. I humbly thank you for teaching this white man from America. Thank you for what you are doing, it just may save the church in America. Please don't change. Please keep growing.

We start many churches and have many international people who come to intern at our church. When I meet a Korean, my first question is - why are you here? You should be learning from the church in Korea - not here!

I also know this, those places where God works the greatest are the places where attack is the most difficult. These are also the places where in time apathy, complacency, and institutionalism can wind up killing what God did initially. Your only hope? Be transformed - and go glocal - May God continue to use you to see the world transformed.

January, 2007   *Bob Roberts*

한국 크리스천에게 드리는 글

저는 한국인을 사랑합니다. 한국인은 저의 영웅입니다. 오늘날 한국의 교회는 이 지구상의 어느 다른 교회보다도 세상을 변화시키는 일을 많이 하고 있습니다. 주님을 섬기기 위해 제가 어디를 가든-아프가니스탄, 카자흐스탄, 베트남, 인도네시아 등-모든 곳에 이미 한국인들이 제일 먼저 그곳에 와 있습니다.

한국, 지난 백 년 동안 교회가 폭발적으로 성장한 나라.
한국, 그 어느 나라보다 크리스천들이 뜨겁게 기도하는 나라.
한국, 가정교회와 셀교회가 시작되어 한국 전체, 중국, 더 나아가 이제는 세계 전체에 영향력을 끼치는 나라.
한국, 세계 최대 규모의 교회가 있는 나라.
한국, 복음이 전 세계로 확장되는 주요 나라.

저는 그 어느 다른 나라, 다른 그룹보다도 한국을 포함한 아시아의 국가들을 통해 하나님을 사랑하고 교회를 세우는 방법을 배웁니다. 사역 초기에는 백인 위주의 대형 교회에서 배웠습니다. 그러나 이제는 아닙니다. 이제 저는 그 누구보다도 아시아의 목회자들과 교회들로부터 훨씬 더 많은 것을 배우고 있습니다. 그런 한국인들에게 뭔가 말하기 위해 이 책을 쓴다는 것이 주제넘은 일은 아닐지 생각해봅니다. 한국인은 오히려 제 스승이지 않습니까! 이 책에서 제가 쓴 것은 한국인들로부터 배운 것입니다. 미국 태생의 이 백인 목사에게 가르침을 준 한국인들에게 진심으로 감사를 드립니다. 한국의 크리스천들이 현재 하고 있는 사역에 감사드립니다. 그 일을 통해 미국 교회에게 구원의 길이 열릴 것입니다. 한국 크리스천들이여! 제발 첫 마음을 잃지 않고 계속 성장하기를 진심으로 기원합니다.

우리 교회는 이제껏 많은 교회들을 세웠고, 각 나라에서 온 많은 사람들이 현재 우리 교회에서 인턴 과정을 밟고 있습니다. 그중에서 한국인을 만나면 저는 묻습니다. "아니, 왜 이곳에 왔습니까? 이곳이 아니라 한국에 있는 교회에서 배워야 하지 않을까요?"라고 말입니다.

제가 아는 또 한 가지 사실이 있습니다. 하나님께서 가장 위대한 일을 역사하시는 곳은 그에 대한 반대공격 또한 가장 심한 곳이라는 사실입니다. 하나님께서 초기에 역사하신 그 놀라운 일들을 잊어버리고 결국 무감동, 자기만족, 기관화되어 버리는 곳이 바로 이런 곳들입니다. 이들에게 유일한 희망은 무엇입니까? 온전히 변화되는 것이며, 지역을 섬기는 동시에 전 세계를 섬기는 것입니다. 하나님께서 한국인을 계속 사용하셔서 이 세상을 온전히 변화시키시길 주님께 간구드립니다.

2007년, 밥 로버츠 드림

Part One

교회를 향해 던지는 중요한 질문

만일 당신 교회가…

당신의 교회가 온 세상을 뒤흔들어 놓는다면 어떨까?

수백 명의 새 크리스천이 완전히 변화된 삶을 증거함으로써 사람들이 그리스도를 발견하게 되는 교회란 어떤 모습일까?

하나님께서 개교회가 아닌 우주적 교회(소문자가 아닌 대문자 C로 표기한다 역자 주)에서 일하시는 것을 기념하고 축하하는 교회는 어떤 모습일까?

한 명의 카리스마 넘치는 지도자에 의해 움직이는 개교회가 아니라 전 성도가 그리스도의 몸으로 삶의 모든 영역에서 영향을 주는 교회는 그 모습이 어떨까?

만일 어떤 사람이 내게 19년 전 노우스우드(Northwood) 교회를 시작할 때, 현재의 우리 교회 모습이 내가 언제나 꿈꿔오던 그런 교회냐고 물었다면 나는 분명하게 "아니오!"라고 말했을 것이다. 생각건대, 아마 내 꿈대로라면 지금쯤 2,000명의 출석 교인 대신 20,000명이 출석하여 가장 창의적인 예배를 드리는 그런 교회가 됐을 것이다. 우리 교회는 새롭게 급부상하는 현대적 교회였다. 등록 교인이 500명으로 성장했을 때 우리는 단지 4년 만에 새 성전을 구입했다. 그리고 다시 두 달 만에 45에이커의 부지를 구입하고는 쇼핑센터로 이전했다. 그리고 모든 것이 무너졌다. 하지만 그와 동시에 모든 것이 한 데 모여 제자리를 찾게 되었다. 이전에는 듣지도 이해하지도 못했던 것을 나는 이때 알게 되었다. 그것이 바로 하나님의 나라와 변화된 삶[transformation]이다. 바로 이 시점부터 하나님께서는 내 우선순위를 바꾸기 시작하셨고 우리 교회를 변화시키기 시작하셨다. 하나님과 하나님께서 원하시는 것을 알아가면서 나는 내 꿈이 산산조각나는 것을 목도해야만 했다.

100만년이 지난다 해도 우리가 100개가 넘는 교회를 세우고 GlocalNet[1] (교회개척자들이 교회개척 네트워크를 형성하도록 돕는 네트워크-역자 주)를 시작하며, 또한 한 나라에 지대한 영향을 끼치리라고는 꿈에도 생각지 못했을 것이다. 이 모든 일들은 철저한 부서짐의 과정을 통해 시작되어 교회에 대한, 예수님을 따른다는 의미에 대한 내 관점을 송두리째 바꿔놓았다. 나는 비로소 나 자신에 대해, 그리고 서구 교회에 대해 아래와 같은 전반적인 이해를 하게 되었다.

- 이제껏 우리가 배운 것은 타당성과 커뮤니케이션이었지 변화된 삶이 아니었다.
- 이제껏 우리는 목적과 기능성을 배웠지 본질과 핵심 DNA를 배운 것이 아니었나.
- 우리는 방법론에 대해서는 많은 것을 알지만 근본 이유에 대해서는 무지했다.
- 우리는 세상을 변화시켜 그 조직의 관리자가 되고자 했다.
- 우리는 사람들을 보다 종교적으로 만들었지 영적으로 또는 문화적으로 조금도 변화시키지 못했다.
- 우리는 무엇을 믿는지는 알지만 믿음에 걸맞은 삶을 살지는 못했다.
- 우리는 우리 자신이 존경받을 만하다고 생각하지만 실제로 우리는 신뢰를 잃었다.
- 우리는 온갖 매체가 득세하는 장터로 전락했을 뿐이지 세상을 흔들어놓는 역동력이 없다.

단지 이런 것들을 위해 내 삶을 걸었단 말인가? 심각한 질문이 아닐 수 없다. 세상은 새로운 지경을 향해 활발히 움직여 나가는 동안 정작 세상을 변화시키겠다던 기독교 지도자들은 버려진 쇼핑센터의 매니저가 되어버렸다. 목회자들은 흔히 이런 얘기를 듣는다. "교회를 성장시켜라. 그러면 당신은 세상을 변화시킬 것이다." 이리하여 우리는 기독교 역사상 가장 큰 교회를 만들어냈다. 그러나 과거보다는 훨씬 적은 사람들이 그 교회에 출석하리라는 것은 예측하지 못했다. 게다가, 최근 조사에 따르면 대부분의 교회 출석자들은 믿지 않는 자들의 삶과 조금도 다를 것이 없다고 한다[2]. 달리 말하면, 길 잃은 양의 삶이 믿는 자들의 삶과 똑같다는 말이다. 그런데도 여전히 주일에는 사람들이 몰려들어 마치 우리가 그들의 삶에 강한 영향을 주는 듯한 잘 조작된 환상을 우리로 하여금 갖게 하지만 정작 우리는 사람들의 삶과 지역 사회가 변화되는 것은 볼 수 없다.

우리가 세상을 변화시키기 원치 않는다는 말이 아니다. 우리는 진심으로 원한다. 그러나 도대체 어떻게 해야 할지 모른다. 더 중요한 것은, 우리는 진지하게 "왜?"라는 질문을 해보지 않았다는 사실이다. 어떤 이들은 세상을 변화시키기 위해 전문 인력을 고용해놓고는 자신들의 양심을 달래며 만족해 한다. 그러나 우리 서구 교회의 경우, 예전보다 훨씬 적은 사람들이 교회에 참석한다는 거부할 수 없는 그 사실이 많은 믿는 사람들과 교회 지도자들 사이에 심각한 동요를 일으키고 있다. 무엇인가 잘못되어 있는 것이다.

물론, 우리가 기뻐할 많은 것들이 있기는 하다. 어떤 사람들은 이 점에 동의하지 않을지 모르지만 지금의 교회는 그 어느 때보다도 재정적으로, 교육적으로, 그리고 정치적으로 절정에 달해 있다. 그러나 내가 두려워하는 것은, 이제 교회는 너무나 기관화되고 교단화되어 교회가 사람들에게 요구하는 주된 것이 돈과 출석 그리고 분기마다 겨우 몇 시간씩 주일학교 프로젝트를 도와달라는 것 정도의 수위에까지 이르렀다는 것이다. 슬프게도 전반적인 교단과 기관들은 세상을 획기적으로 변화시키는 그 목적을 향해 수십억 달러에 달하는 돈을 공급하는 대신, 아직도 이런 케케묵은 전투를 계속하고 있다(대부분의 교인들이 보기에 그 전투의 타당성을 찾으려야 찾을 수도 없는). 하나님은 복음이 우리를 변화시키도록 하셨지만, 우리가 아직 복음에 의해 변화되지 않았으므로 우리는 세상을 변화시킬 수 없다. 우리는 단지 좀 더 종교적으로 보일 뿐이다. 우리의 삶이 하나님과 동행하며 성장하지 않는다는 사실에 대해 걱정하기보다는 우리 교회가 성상하지 않는다는 사실에 더 걱정한다.

서구 교회가 비록 모든 것을 잃어버렸다 할지라도 아직 희망은 있다. 변화된 사람들, 변화된 사회, 변화된 세상을 볼 수 있는 가능성이 지금은 그 어느 때보다 높기에 그렇다. 그러나 이를 위해서는 그리스도를 따른다는 것과 세상에 영향을 끼친다는 것의 의미를 과감하게 재정립해야만 한다. "글로컬 교회"(Glocal Church: Global과 Local을 합친 단어로서 지역적이면서 동시에 세계적으로 임팩트를 끼치는 교회를 말한다-역자 주)는 성령에 의해 변화되어 그들의 변화된 삶이라는 확실한 메시지를 가지고 전 세계적으로 동시에 지역적으로 그 문화에 파고들어가는 제자들을 잉태하는 교회다.

나는 서구 교회를 통해서가 아니라 하나님의 역사로 전 세계에서 새롭게 태어나는 교회들을 보며 희망을 발견한다. 미래의 교회는 어떨 것인가에 대한 서구 측의 책을 보면 언제나 '새롭게 부상하는 젊은이들의 문화와 이들의 교회'라는 등 피상적인 표현들뿐이다. 과거에는 이런 것들이 하나의 지표 역할을 했을지 모르지만 미래에 대한 지표는 되지 못한다. 반면 중국, 중동, 인도 및 기타 개발도상국에서 새롭게 떠오르는 교회들은 서구의 그 어떤 해석보다도 미래 교회에 대한 실마리를 제공한다. 어떻게 교회사역을 할 것인가에 대해 서양보다는 동양에서 나는 훨씬 많은 것을 배우고 있는 중이다.

오늘날 서구 교회는 그 능력과 영향력을 잃어버렸다. 재물과 사회적 지위를 잃어버려서가 아니라-지금까지 그런 일은 없었다- 그 신뢰성을 잃어버렸기 때문이다. 그래서 우리는 우리 자신은 물론이려니와 세상을 변화시킬 수 없는 것이다. 우리가 세상을 향해 외친 그 메시지를 우리는 삶을 통해 보여주지 못한다. 우습게도 우리는 마치 우리가 전한 메시지에 맞는 삶을 사는 것처럼 착각하게 만드는 종교적 상품의 마케팅에 있어서는 역사상 전례 없이 뛰어나다. 결과적으로, 교회는 종교적일지는 모르나 영적이지 못하다는 인식이 날로 팽배하고 있다. 교회가 그 모양은 갖추었으나 실체가 없다는 말이다.

이것이 바로 T 라이프(Transformed Life: 변화된 삶)의 핵심은 사도행전에 나오는 초대교회와 동양에서 부상하는 교회, 이 두 가지의 조합이라고 내가 믿는 이유다. 이는 '제자도란 커리큘럼을 통한 정보의 전달'이라는 서구식 접근 방식과 강한 대조를 이룬다. 서양의 이러한 접근 방식은 교회를 성장시킬 잘 훈련된 교양 있는 회심자를 만들었을지는 모르지만 정작 세상을 변화시킬 '변화된 제자'는 만들지 못했다.

지역 사회 그리고 동시에 전 세계를 변화시키는 일이 과연 실현 가능하겠느냐면서 대부분의 사람들이 아예 변화를 향한 여정을 떠나지 않는다. 회심 후 변화가 없다면 그들은 애초에 회심을 한 것이 아니다. 여러 교육을 받은 후에 변화가 일어나지 않는다면, 바울에 따르면 그들은 단지 자화자찬하는 것이다. 비록 그들이 모든 성경에 대한 질문에 답할 수 있고, 신학을 이해하며, 심지어는 영적인 책을 저술할 수 있을지는 모르지만, 그들은 결코 진정한 변화로 인도하는 그리스도를 밀접하게 알 수는 없다. 일상을 통해 끝없이 배우는 것과 삶, 이 두 가지를 함께 엮을 수 있는 사람만이 변화의 소망이 있다.

나 자신의 변화는 하나님의 나라에 대한 이해와 함께 시작되었다. 이제 우리는 주님을 꽉 붙잡고 이 예측할 수 없는 모험의 강물에 몸을 던진다. 우리의 내부에서 일어나는 이 변화에 대해 세상은 교회를 향해 매우 어려운 질문들을 던진다. 우리는 이 질문들에 답할 수 있어야만 한다. 어디서부터 시작할까? 자, 이제 당신의 튜브를 꽉 붙잡고 변화를 향한 이 여행에 나와 함께하기를 바란다. 우리 자신과 우리를 둘러싼 사방의 벽을 뛰어넘는 그 삶을 향해!

우리의 음성을 어떻게 다시 찾을 것인가?

호주에서의 강연 일정을 위해 시드니에서 퍼스(Western Auatralia주의 주도(州都)-역자 주)로 가는 중이었다. 밤새 날아가는 비행기의 뒤쪽에서 다리를 쭉 뻗기 위해 나는 일어났다. 젊은 여승무원이 음료수 운반대를 준비하며 내게 어디서 오는 길이며, 어디로 가는지, 그리고 내가 뭘 하는 사람인지 등을 물어보며 공손하게 말을 걸어왔다. 종종 나는 사람들에게 "나는 목사입니다"라고 말하기가 주저된다. 사실, 목사에 대한 평판이 그리 썩 좋지는 않다. 그러나 그날은 그냥 불쑥 말해버렸다. "나는 목사입니다." 그리고 계속 말했다. "호주에 있는 신학교와 일반 대학에서 어떻게 교회를 개척하는지에 대한 강연을 하기 위해 왔지요." 얼마나 형편없는 복음전도 대화의 시작인가? 그 여승무원은 전혀 관심도 없어 보였다.

그녀는 무덤덤하게 말했다. "잘 되기를 바래요. 그런데 청중이 그리 많지는 않을 거예요. 미국과는 많이 다르다는 것을 아시게 될 거예요. 선생님 기분을 상하게 하려는 것이 아니라 그냥 사실이 그렇다는 거죠."

"이해가 안 되네요." 나는 되물었다. 이제 정작 호기심이 발동한 것은 나였다. "무슨 말씀이시죠? 하나님이라는 존재가 필요 없다는 말인가요? 대부분의 호주인들은 하나님에 대해 어떻게 생각하나요?"

그녀는 주저함 없이 대답했다. "내가 하나님께 불만이 있다거나 그 존재를 부인하는 것이 아니에요. 그냥 하나님은 단지 존재만 할 뿐 우리와는 아무 상관없다는 말이죠."

당연히 그녀는 승무원으로서의 친절한 태도를 유지하고 있지만 그녀의 이 응답은 내게 충격적이었다. 나는 또 물었다. "이해가 안 되니 좀 도와주세요. 예전에 교회에서 무슨 상처받은 일이 있나요?"

그녀는 웃으며 대답했다. "아뇨, 제 할머니도 교회 다니세요. 그리고 큰 사고를 당한 제 친구가 있는데 교회가 개입해서 정말 믿기지 않을 정도로 잘 도와주더라구요. 아무런 조건도 없이 말이죠."

"하나님의 존재를 믿으신다고 했나요?" 나는 본래 주제로 돌아가 물었다.

"물론이죠. 오히려 안 믿는 것이 바보죠. 대부분의 제 친구들도 그렇지만 나는 아주 영적인 편이에요. 단지 종교적이지 않을 뿐이죠."

"그럼 어떻게 영성을 접하고 있나요?" 이런, 누가 목사 아니랄까봐 나는 전형적인 목사로서의 질문을 했다. 그러나 그녀는 운반대를 채우면서 내 질문을 넉넉히 받아주었다.

"숲 속을 거닐기도 하고, 바닷가를 걷기도 하죠. 아니면 친구들을 만나기도 하구요."

"어떻게 하면 당신이 하나님을 원하고 추구할 수 있도록 할 수 있을까요?"

이쯤 되면 그녀는 분명히 '이 사람 도대체 말귀를 알아듣는 거야?'라고 생각했을 것이다.

그녀는 잠시 일손을 멈추고 생각하고는 대답했다. "그 질문에는 답을 드릴 수가 없네요. 나는 그저 하나님 없이도 완전히 행복하거든요."

"그렇다면 하나님께 불만이나 떨떠름한 감정 내지 못마땅한 점이 있는 것도 아니고 그저 무관심하다는 말인가요?" 나는 또 한 번 물었다.

"예, 바로 그거예요." 그녀는 말을 맺었다.

바로 그것이었다. 슬픈 일이지만(그녀가 이해하는 바로는) 기독교라는 것이 그녀에게 해 줄 것은 아무것도 없었다. 도대체 어떻게 그럴 수 있단 말인가? 복음은 소위 '원하는 모든 것을 다 가진 행복한 자'들에게 다가갈 능력이 있기는 한가? 아니면, 위기에 처한 자들에게만 다가갈 수 있다는 말인가? 예수께서는 깊은 진리를 말씀하셨고 그것은 단지 위기 이상의 의미가 있다는 것을 나는 잘 알고 있었지만 그녀에게 이것을 어떻게 설득해야 할지 나는 속수무책이었다. 복음은 그 자체만으로 충분히 강력한가? 아니면 위기에 빠진 어떤 사람이 그 복음에 응답할 때에만 비로소 영향력을 갖는가? 하나님만이 하나님이시고 하나님 없이는 아무 진정한 궁극적 의미가 없는데 도대체 어떻게 사람들로 하여금 하나님이 필요하다는 것을 알도록 도와줄 수 있단 말인가?

그녀와 얘기하며 나는 사람들을 초청해 경험하게 하는 것이 무엇인지에 대한 우리의 잘못된 이해와, 그 문화에 깊숙이 참여하지 못하는 우리의 무능력에 마음이 아팠다. 오늘날 정의와 긍휼을 외치는 교회는 어디에 있는가? 가난한 자와 상처 입은 자들을 섬기는 교회는 오늘날 어디에 있는가? 사회에 대한 선지자로서의 직무를 수행하는 교회는 오늘날 어디에 있는가? 그녀의 견해에 따르면 교회란 단지 하나의 기관으로서 존재할 따름이다. 좋지도 나쁘지도 않은 그저 아무 상관없는 그런 하나의 기관으로서⋯⋯.

이런 문제를 다루지 않고서는 우리는 결코 사람들에게 하나님을 따른다는 것과 삶의 깊이에 대한 중요성을 이해시킬 수 없다. 단지 어떤 것이 필요할 때 그들의 신에게 간구하는 불교나 힌두교, 이슬람교, 정령신앙 및 다른 종교와 우리가 제시하는 것이 하나도 다를 것이 없게 된다는 말이다. 미국 문화의 기반이 좀 더 기독교에 뿌리를 박고 있었던 때에는 굳이 변증론을 이해할 필요가 없었다. 하나님의 존재 문제와 같은 깊은 문제를 사유한다는 것이 그 당시에는 그리 널리 퍼진 것이 아니었으나 이제는 모든 상황이 바뀌었다.

> 사유하고 변증하는 것은 더 이상 선교학을 공부하는 학생들만의 전유물이 아니다. 모든 믿는 사람들의 기본이다.

교회가 기관화되고, 정치적인 영향력을 획득하는 데 집중하며, 부와 국제적인 명예를 축적하면서 교회는 그 기반을 잃어버렸다. 이 기반이란 다름 아닌 개인과 문화를 변화시킬 소망과 치유의 핵심 메시지다. 교회는 조직화된 시스템이 되고 교인들을 모아 각종 프로그램에 몰아넣지만 지금까지도 그 결과가 없다. 대형교회는 폭발할 정도로 팽창한다. 교회 네트워크는 계속 성장한다. 뭔가가 일어나는 것 같다. 숫자가 불어나는 한 우리는 스스로 모든 결과를 정당화시킨다. 우리의 역동력은 하나님의 일과는 거리가 멀다. 우리는 오히려 우리 자신을 정반대의 방향으로 확신시키고 있다. 우리의 모든 열심은 하나님의 사역이라고 착각한다.

이것을 찾기 위해 나는 지구를 반 바퀴나 돌아야만 했다

어떻게 이런 엄청난 실수가 발생했을까? 어디선가 우리는 그만 방향을 잃어버렸다. 실제 교회란 어떠해야 한다는 것을 보기 전까지 나는 내가 방향을 잃어버렸다는 것조차 모르고 있었다. 처음에는 방향 상실을 의식조차 못 하다가 나중에는 이것을 합리화했던 것이다. 그것을 찾기 위해 나는 지구를 반 바퀴나 돌아야 했다. 아시아의 핍박받는 지하 교회에서 나는 그것을 발견했다. 많은 이야기와 통계 자료는 들었지만 실제로 이들의 얼굴을 맞대고 본 것은 처음이었다. 나는 처음으로 댈러스 윌러드가 말하는 '하나님의 모략(Divine Conspiracy)'[1]을 삶으로 실천하는 사람들을 보게 된 것이다. 그들은 나와는 달랐다. 그들은 내가 이제껏 만난 그 어떤 기독교인과도 전혀 달랐다. 댈러스 윌러

드조차 이들과는 달랐다. 단지 문화 차원이 아니라 영적으로 그들은 나를 한 방에 날려버렸다. 물론, 그들의 신학이론은 모호하다. 심지어 어떤 이들은 제대로 된 성경 한 권도 없었다. 기껏해야 몇 장이나 몇 구절이 그들이 가진 전부였다. 그러나 그들은 내가 결코 갖지 못한 것을 소유하고 있었으며, 그런 사람이 있으리라고는 상상도 못할 정도로 하나님을 깊이 알고 있었다.

지구의 다른 한 편에서 예배란 전혀 다른 의미를 띠고 있다. 음향기기도 없고, 정확히 짜여진 진행도 없고, 오직 땀에 젖은 신도들이 좁은 방안을 가득 메운 가운데 그들 안에서 성령이 분출되며 그들은 울고 있었다. 이전에 내가 전혀 경험해보지 못한 일이었다. 그들이 은사주의자인지 아닌지 나는 모른다. 그것이 중요한 것은 아니다. 내가 아는 것은 단지 내가 알아들을 수 없는 언어로 그들이 말한다는 사실이었다. 아무도 부자가 되려고 하는 이가 없으며 권력이나 지위를 차지하려고 다투는 사람도 없다. 그들이 욕심을 내는 것이 있다면 가장 먼저 순교하는 특권을 누리는 것이다. 그들은 위기 속에 살고 있었지만 위선도 이기심도 없다. 이들은 내가 자라면서 들어온 "교회는 이래야만 한다"라는 것을 삶으로 보여주고 있다.

이 교회들은 작고 초라한 지하 가정교회 네트워크를 통해 사람들의 삶과 그 문화를 변화시키고 있다. 아무것도 그들을 막을 수 없다. 이러한 교회는 너무나 많으며 모든 방향으로 매일 뻗어나가고 있다. 놀라운 사실은, 이 모든 운동은 소위 말하는 소명 받은 전임사역자에 의한 것이 아니라 일반 성도들에 의해 이루어진다는 것이다. 이들의 교회 개척은 변화된 삶의 결과이지 무슨 위대한 전략의 결과가 아니다.

그 차이점이 워낙 놀랍고 그 결과 또한 놀랍기만 하다. 비록 여러 학위와 박사 학위에도 불구하고, 나는 교회 사역을 어떻게 해야 하는지를 미국 내에서보다는 미국 밖에서 더 많이 배웠다. 진정한 교회를 발견하려면 비행기를 타고 서쪽으로 태평양을 건너 최소한 12시간은 날아가야 한다고 나는 확실히 믿는다. 그리고 그곳에서 진정한 교회는 교회 건물에서 찾을 수 없다. 그것은 그 지역 사회 속에 있다. 일요일에 두리번거리며 찾아봐야 소용없다. 이른 아침이나 늦은 저녁에 혼자 혹은 몇몇이 남의 시선을 피해 조용히 모여드는 이들을 찾아야 한다.

서쪽으로 더 날아갈수록 음식은 맞지 않고 몸은 더러워지고 여기저기 욱신거린다. 그러나 나의 영혼은 점점 자유로워지고 정화된다. 집에 돌아오면 외관상 나는 깨끗해지고 내게 익숙한 문화의 편안함이 나를 육체적으로 편안하게 감싸주지만 영적으로는 오염된 서구 교회의 먼지가 내 영혼에 달라붙는다.

물론 선의에서 나온 것이지만, 오늘날 선교에 대한 문헌을 보면 어떻게 하면 서구 세계가 그 문을 열고 들어가 "그들에게 우리가 가진 것과 아는 것을 나누어 줄 것인가"하는 것이 주제를 이룬다. 우리는 정말 그들에게 서구화된 기독교를 나누어주기 원하는가? 우리가 만들어낸 것들을 너무 자랑스러워한 나머지 우리는 그것들을 열방에 수출하려고 하는 것은 아닐까?

솔직히 말하자면, 그들이 우리를 필요로 하는 것보다 우리가 더 그들을 필요로 한다. 아시아 교회들을 향한 나의 가장 큰 우려는 다름 아닌 그곳에 가서 도와주려는 우리 미국인들이다. 서둘러 세상의 폐쇄된 지역에 선교사들을 보내 어떻게 교회 사역을 하는지 알려주어야만 한다고 생각하는 우리는 얼마나 교만에 가득 차있는가!

주여, 제발 그들을 우리들로부터 지키셔서 우리가 좀 더 그들과 같아질 수 있도록 그들로 하여금 우리를 돕도록 하여 주소서!

서양은 동양으로부터 배운다

교회를 성장시키기 위해 우리가 하는 일 중 많은 것들이 오히려 교회 성장과 문화에 영향을 끼치는 것을 방해할 수 있다.

이제는 미국 교회들이 다시 겸손한 자세로 배워야 할 때다. 서양에서는 눈에 보이는 결과를 중요시한다. 결국, 이것이 실용주의와 시스템화를 가져왔다. 우리는 일을 수행하기 위해 직원, 슈퍼스타 같은 목회자, 그리고 다른 여러 인도자들을 고용한다. 더 큰 건물을 짓기 위해 사람들을 종용해 돈을 내라고 한다. 그러나 결국 문화적으로 아무런 영향도 주지 못한다.

동양에서는 이와 정반대다. 그들은 순종을 중요시한다. 이 순종은 열정과 사랑에서 나온 순종을 말한다. 그 결과는 침례(또는 세례) 받는 자의 숫자에 있는 것이 아니라 그리스도를 따르려는 순종과 용기를 통해 볼 수 있다. 이들 동양 교회의 성공의 열쇠는 유동성이다. 지도자의 위치에 있는 사람이 언제 체포될지 모르는 상황에서는 모든 것이 너무 급속히 변하기 때문이다. 교회의 발전은 프로그램이나 어떤 과정을 통해서가 아니라, 삶과 인격을 통해 교회의 본질을 전파하는 성숙한 성도들을 통해 이루어진다.

성숙한 성도들은 자신들의 삶의 자리인 지역 사회 속에서 주님을 섬긴다. 그리고 목회자는 성도들이 고난의 삶을 통해 어떻게 믿음을 실천하는지 본을 보여주는 역할을 한다. 이들은 사람들로 하여금 용기를 가지도록 도전하며 단지 물질뿐 아니라 그들의 생명을 내던진다. 미국 교회에 있는 우리는 믿음의 삶이 어떠해야 하는지 갈망하는 글을 쓰지만, 동양의 그들에게는 그것이 실제 생활이다.

그들에게는 큰 교회가 없다. 단지 인근 지역에 구석구석 퍼진 수천 개의 작은 교회들이 있을 뿐이다. 그런데도 이들은 엄청난 충격을 그들의 문화에 주고 있다. 이러한 현상을 그냥 예외적인 일이라 치부할 수 있을까? 절대 그럴 수 없다. 우리는 교회들에게 어떻게 개교회를 성장시키는지 가르쳐줄 수는 있다. 그러나 미국의 어떤 교회가-내가 목회하는 교회를 포함해서- 문화를 근본적으로 변화시키는 방법을 알 뿐 아니라 또한 실행하고 있다고 공언할 수 있는가? 정치적인 공작과 계략으로 문화와 투쟁을 했지만 그로 말미암아 우리는 오히려 신임만 잃었을 뿐이다.

자, 이제부터 어디로 갈까 연구하기 전에, 우리는 그동안 얼마나 깊은 숲 속에서 방황했는가를 깨달아야만 한다. 즉, 다시 본 궤도에 오르기 위해 우리는 어떻게 하다가 길을 잃었는지를 먼저 이해해야만 한다.

어떻게 이런 일이 발생했는가?

우리는 근대화 속에서 길을 잃어버렸다

우리는 근대화의 특징들-개인주의, 이성, 과학 그리고 낙관주의-을 통해 이전에는 존재하지 않던 그러한 교회를 건설하리라 생각했다. 미국의 문화에서는 생산성, 추진력, 그리고 결과가 모든 것을 시배한다. 서구 실용주의자들인 우리는 계속해서 결과를 얻는 한, 그 결과들을 검토해볼 필요가 없다고 믿었다.

서구의 교회들이 이러한 서구 문화의 장점을 따르려 노력하는 동안 이제는 그만 그 문화와 뗄래야 뗄 수 없게 된 사실을 발견하게 되었다. 어느 새 하나가 되어버린 것이다. 교회, 정부, 그리고 기업, 이 모든 것들은 생산하는 상품만 다를 뿐 똑같은 원칙에 따라서 운영된다. 미국의 문화와 미국의 교회, 이 둘은 너무 밀접하게 융합되어 구별할 수가 없다. 이 때 비극적인 모순이 발생했다. 문화가 교회를 수용할 수 있는 그 이상으로 교회가 문화를 수용해버린 것이다. 그리하여, 교회는 자신의 제국을 건설하기 위해 그 문화가 가지고 있는 도구를 사용하는 방법을 배우게 되었다.

우리는 소비주의 속에서 길을 잃어버렸다

많은 경우, 오늘날 교회를 성장시킨다는 것은 사람들의 필요를 만족시키고 그들을 즐겁게 해주기 위해 어떤 서비스를 제공한다는 점에서 소비자의 심리에 파고드는 호소력이 있어야만 한다. 즉, 복음을 모든 사람의 입맛에 맞추기 위해 교회를 '종교적인 소비자'로 전락시킨 것이다. 다양한 프로그램을 통해 더 많은 사람의 요구를 충족시킬수록 더 영적으로 건강한 사람들이 될 것이라고 착각한다. 애석하게도, 교회의 크기는 사람들의 영적 성숙도와 같다는 등식을 적용함으로써 우리는 성공의 수준을 완전히 잘못 계산한 것이다.

실제로, 교회에 다니는 많은 사람이 하나님에 대한 희생과 봉사란 교회에 출석하거나 헌금을 하는 것이라고 생각한다. 물론, 이러한 행위는 그 일부이기는 하다. 그러나 교회의 크기가 그 영적인 건강을 측정할 수 있는 유일한 방법이라고 말하는 것은 전혀 옳지 않다. 암세포가 건강한 세포에서 얼마나 빨리 성장하는가를 생각해보라. 그 크기는 크지만 건강에는 치명적이지 않은가!

우리는 성공 속에서 길을 잃어버렸다

비록 교회가 매년 수백 또는 수천 명씩 증가한다 하더라도 교회의 성장에는 단지 주일에 교인이 몇 명이나 출석하느냐는 것 이상의 것이 있다. 나는 종종 나 자신과 교회 스탭진, 그리고 회중들에게 묻곤 한다. "넓은 땅에 큰 교회, 풍족한 예산 외에 우리가 정말 이룬 것이 뭘까요?" 사람이 진정으로 변화되지 않으면 그 지역 사회, 나라, 그리고 세상은 절대로 변화되지 않을 것임을 나는 상기시킨다. 교회 좌석 수로 그 변화를 측정하는가? 아니면, 그 지역 사회의 변화로 측정하는가? 소비주의와 대형주의는 그 측정 수단으로 좌석 수를 가리킬 것이다. 그러나 교회에서의 진정한 복음의 충격은 단순히 그 교인 수로 측정할 수 없다. 만일 지역 사회의 변화가 성공의 잣대로 여겨졌다면 오늘날 교회와 지역 사회는 어떤 다른 모습을 하고 있을까? 오늘 우리의 모습은 얼마나 다르게 세상에 비춰졌을까?

사역의 초기에 나는 "왜"라는 질문을 한 적이 없다. 단지 "어떻게"에만 초점을 맞추었다. 내게 중요한 것은 위대한 스승을 찾아 그의 발자취를 따

문제는, 교회가 성장해서는 안 된다는 것이 아니라 왜 성장해야만 하는가 하는 것이다.

르고 교회와 나 자신의 의미와 영향력이 얼마나 기하급수적으로 증가하는가를 보는 것이었다. 대부분의 지도자들이 어느 정도는 성공을 동료들과 비교하여 정의한다고 나는 생각한다. 우리는 사역의 새로운 패러다임을 봐왔다. 이제 우리는 성공의 새로운 패러다임과 그 중요성을 살펴볼 필요가 있다.

지금까지 이 글을 읽어왔다면 아마 당신은 내가 미국 교회의 모든 큰 것을 경멸한다고 생각할지 모르겠다. 전혀 그렇지 않다. 교인 출석 수나 얼마나 많은 이들에게 침례(세례)를 주었는가 하는 눈에 보이는 지표에 신경 쓰지 말라는 것이 아니다. 성장하지 못하는 교회는 왜 교회가 성장하지 않는지 신경 쓰고 그 이유를 찾아야만 한다. 내가 현재 목회하고 있는 교회는 45에이커의 땅을 가지고 있다. 수천 명을 포용하는 청사진도 가지고 있고, 그 목표에 도달해가고 있다. 그러나 나는

종종 회중에게 "단지 많은 사람이 교회에 출석한다고 해서 우리의 존재가 의미 있다고 합리화해서는 안 된다"고 말한다. 단지 교인 수가 많다고 해서 그 교회가 의미가 있거나 하나님이 원하시는 일을 한다는 것은 아니다.

주일날 멋진 쇼를 연출해내는 일로 교회의 성공을 가늠해서는 안 된다. 사람들이 당신이 다니는 교회에 대해 얘기할 때 어떤 소리를 듣는가? 그것이 부디 이런 소리이기를 바란다. "그 교회 사람들, 정말 전심을 다해 하나님을 사랑해. 온전하고 투명한 삶을 위해 노력하는 사람들이더군." 주여, 우리의 가진 모든 것, 우리의 모든 존재를 나누어주는 사람들임을 그들로 보게 하소서!

우리는 대형주의 속에서 길을 잃어버렸다

역사상 여러 대형 교회가 있었다. 대형 교회는 오늘날 갑자기 나타난 것이 아니라 단지 유행처럼 보다 널리 퍼진 것뿐이다. 이들 대형 교회는 그리스도에 그 뿌리와 중심을 두고 있는 한, 다른 지체에 엄청난, 그리고 아주 특별한 축복이 될 수 있다. '그리스도를 중심으로 한다는 것'은 단지 우리 믿음의 선언문 중 일부가 아니라 이 세상과 지역 사회에 있는 크리스천이 아닌 사람들이 인정하는 실제적인 사실을 말한다. 나무가 잘 자라기 위해서는 뿌리를 깊이 내려야 한다. 많은 경우, 우리는 조급하게도 겉으로는 강건해 보이는 잘 자란 잡목에 만족하곤 한다. 그러나 바람이 불면 이 잡목은 쉽게 부러진다. 사역을 이기적으로 나 중심으로만 보며 내가 사역하는 동안 그 결과를 보려 한다면 뿌리는 그다지 중요하지 않게 보인다. "크게 성장하면 됐지. 뿌리를 깊이 뿌리내리는 게 뭐 대수라고" 하는 식의 유혹을 받게 된다. 그러나 사역을 나 자신, 나의 때, 내가 쌓은 울타리를 넘어 그 이상을 본다면, 뿌리에도 똑같이 각별한 주의를 기울여야만 한다.

오늘날 교회 지도자들이 현재 주변의 교회를 보는 대신 역사, 특히 초대 교회의 역사를 본다면 어떻게 될까? 한 차원 높은 단계의 삶을 지향하는 책임감을 갖게 될 것이다. 지도자나 일반 성도 모두가 보다 고양된 삶을 살게 될 것이다. 각 개인의 삶에서 정작 중요한 것은 이를 위한 순수한 결단이지 단순한 구호에 있는 것이 아니다.

우리는 산업화 속에서 성령을 잃어버렸다

미국의 영적 대각성을 연구하며 복음전도의 물결은 대규모 개혁운동을 통해서 일어난 것이 아니라 그 지역 사회를 감화시킨 작은 시골 교회들에 의한 것이었음을 알고 나는 매우 흥미를 느끼게 되었다. 복음전도는 영적으로 깨어난 교회에 의해 이루어진 것이었다. 오늘날 우리는 교회가 깨어나지 않은 상태에서 복음전도를 습관처럼 행하고 있다. 큰 교회로 성장시키고 엄청난 선교를 하기로 결심하면서도 정작 영을 흔들어 깨우는 성령의 역사와는 전혀 동떨어져서 하는 것을 생각하면 참으로 가슴이 찢어진다. 이제는 전처럼 성령에 의지할 필요가 없다는 것을 자신에게 확신시키기 위해 우리는 멋진 설교, 적절한 음악, 그리고 그럴싸한 프로그램들로 자신을 무력화시키고 있다.

초기에 그토록 축복을 받았던 서구교회는 이제 근대화, 산업화 및 실용주의에 감염되어 그리스도인의 삶에 있는 모든 것을 프로그램화하고 있다. 우리는 교회의 다른 차원을 조각조각 구획하고 구분함으로써 전체적인 한 몸으로서의 기능을 이해하는 데 실패했다. 주일학교부터 구역 모임, 소그룹 활동 등 교회 공동체 생활의 모든 것을 프로그램하고 시스템화해버린 것이다. 어떤 이들은 세미나에 가서 교회 성장 프로그램을 패키지로 사면 멋진 결과를 얻을 수 있다고 생각하기도 한다. 요즈음 많은 대형 교회와 교파들이 성공을 약속하지 않는가 말이다.

명심할 것이 있다. 유행이나 스타일, 방법론 등은 시간이 지남에 따라 왔다가 사라진다. 그러나 지금 이 순간까지도 성경과 모든 교회 역사를 통해 변치 않는 것이 하나 있는데, 그것은 예수께서 가르친 하나님의 나라다. 교회가 집착해야 할 것이 있다면 그것은 바로 '하나님의 나라를 소유하는 것'이어야만 한다. 이것이 없으면 우리는 방향을 잃은 것이다. 이것이 없으면 우리는 아무것도 할 수 없다. 이것이 없으면 우리는 미래에 대해서도, 그 어떤 사람에 대해서도 소망이 없다. 이것이 없으면 교회가 존재할 목적이 없다. 아무리 멋지게 비전이나 사명 선언문을 꾸밀지라도….

그렇다면 하나님의 나라란 도대체 무엇인가? 어떻게 생긴 것일까? 그것은 어떤 생각이나 무기력한 관념이 아니라 우리의 일상생활에서 살아 움직이는 것이다. 그것이 성경 전체를 통해 말하는 주제고, 믿는 자들의 실제다. 그것은 하나님께서 현재의 세상에서 이루실 총체적인 세상이다. 하나님의 나라는 보다 크고, 멋지고, 빠른 어떤 기계장치가 아니다. 하나님의 나라는 비인간적이거나 가공하거나 프로그램할 수 있는 그런 것이 아니다. 하나님의 나라에는 단순히 기계적으로 종교인이라는 산물이나 생산하는 차원을 훨씬 넘어선 신성한 물결이 있다.

이 물결은 우리를 소생시키고, 생명을 주는 모험이 가득한 강물이다. 이 강물은 온 세상을 적시며 사람들을 그 물결 속으로 불러들인다. 자, 튜브를 꼭 붙잡으라!

우리의 지도력은 위대한 영혼으로부터 나왔으나 이제 위대한 스타에게 그 지도력을 상실했다

이 세상이 제공하는 '종교적'인 상품을 교회가 흉내내 생산함으로써 많은 교회의 지도자들이 종교적인 슈퍼스타로 전락하고 만 것은 이상할 것이 하나도 없다. 강력한 종교지도자는 그들이 얼마나 대중에게 설교를 잘하고, 얼마나 그들을 즐겁게 해주며, 얼마나 많은 정보를 전

날하느냐 하는 것으로 정의된다. 어떤 사람이 하나님으로부터 소명을 받았다는 것은 그가 사는 방식에 의해서가 아니라 그의 언변에 달려 있는 것이 현실이지 않은가!

많은 사람들이 자신이 좋아하는 목회자나 사역자에 대해 "아, 나도 저렇게 설교나 찬양을 잘하면 얼마나 좋을까"라거나 "나도 저 사람 같은 지도자라면 얼마나 좋을까!"라고 말한다. "저 사람처럼 나도 예수님을 잘 알면 얼마나 좋을까" 하는 사람은 거의 없다. 소위 종교 지도자라고 하는 사람들 중에 바울처럼 "나를 본받으라"고 말하는 이가 있던가?

사역자의 자격을 말할 때 우리는 교육, 목사 안수, 규칙이나 규례 등을 말한다. 그러나 사역의 주된 자격요건은 "나를 본받으라."라고 말할 수 있는 것이어야 하지 않겠는가? 그것은 그가 완벽해서가 아니라 기꺼이 다른 사람의 본이 되는 삶을 살려고 하기 때문이다. 내게 한 가지 꿈이 있다면 그것은 내가 죽기 전에 사람들이 나에 대해 아씨시의 성 프랜시스나 A. W. 토저(Tozer)에 대해 말한 것처럼 "아, 나도 저 사람처럼 하나님을 알고 싶다!"라는 말을 들어보는 것이다. 목회자는 자신에 대해 사람들이 어떻게 얘기하는가를 들어보면 자신이 사람들에게 어떻게 인식되는지 알 수 있다.

우리가 얼마나 방향을 잃고 헤매고 있는지 깨달으면서 나

"저 사람은 하나님의 사람이다" 라는 말은 최대의 찬사다.

는 하나님께서 나를 설교자로 부르신 것이 아님을 알게 되었다. 설교는 단지 기능, 즉 하나의 도구일 뿐이다. 하나님은 그보다는 더 위대한 일을 위해 나를 부르셨다. 즉, 그의 나라를 위해 나를 부르신 것이다. 하지만 슬프게도 하나님의 나라가 어떤 상태에 있는가에 대해 많은 목

회자들은 자신이 개인적으로 얼마나 잘 수행하고 있는가에 따라 규정짓는다. 교인 숫자가 늘면 하나님이 기뻐하신다고 생각하고 그 숫자가 줄어들면 그에 따라 하나님의 나라도 고전을 면치 못한다고 생각한다. 그러나 실제로 하나님의 나라는 건재하다. 하나님의 나라는 어느 교회나 종교 단체보다 크다. 아무도 그 나라를 막을 수 없다.

이것이 시사하는 바는 실로 엄청나게 크다. 경배란 몇몇 사람이 설교하고 노래하며 인도하는 것을 구경하는 것이 아니다. 그것은 온몸이 함께 조화를 이루어 움직이는 것이다. 메시지란 단순히 정보를 실어 나르는 것이 아니라 그리스도인으로서의 진리의 삶을 계속 살도록 격려하는 것이다.

많은 젊은 목회자나 기독교 지도자들이 "하나님이 그들을 지도자로 부른 것" 같다고 말한다. 그들에게 지도자가 되는 것은 중요하지만 비전이나 운동(movement)은 그렇게 중요하지 않다. 이처럼 지도자가 되고자 하는 사람들을 만나면 나는 겁이 난다. 이들은 위험한 존재이기 때문이다. 모세는 지도자가 되려고 하지 않았지만 바로는 지도자가 되기를 원했다. 다윗은 지도자가 되기를 구하지 않았으나 사울은 권좌를 지키기 위해 싸웠다.

하나님의 나라에 대한 부르심은 결코 지도력과 관계된 것이 아니다. 일을 수행하기 위해 지도력이 영향을 끼칠 수는 있다. 그러나 하나님 나라의 지도력이란 결코 혼자 힘만으로는 이룰 수 없는 그 무엇을 하나님을 위해 이루어내는 것을 의미한다. 사역을 완수하기 위해 다른 사람들을 일으켜 세워야만 한다. 최고의 지도자는 그 일을 이루도록 하나님께서 부르신 어떤 것에 대한 비전에 의해 움직이지 권세를 누리는 지위에 의해 움직이지 않는다.

지도자가 되기를 원치 않고 오직 겸손하며 해야 할 일을 위해서는 목숨을 거는 열정이 있는 그런 지도자를 사람들은 끝까지 따르고 지지

한다. 아시아 지역의 박해받는 교회에서 길러지는 지도자는 바로 이러한 지도자들이다. 그러나 그 사람의 인격과 온전함보다는 지위나 중요시하며 가시적인 실적과 생산 능률에만 초점을 두는 교회는 오늘날의 지도자가 짊어져야 할 무거운 짐을 지고 나갈 힘을 찾지 못할 것이다.

예전에, 교회를 개척하기 위해 자신이 속한 인종 배경을 뒤로 한 채 전혀 생소한 나라로 간 목회자를 만난 일이 있다. 그 나라는 지독히 폐쇄된 까다로운 나라였다(그 나라는 지금도 그렇다). 나는 그 당시에는 그가 하나님으로부터 받았다는 그 소명을 가능하면 말리고 싶었다. 그는 내게 불굴의 텍사스인을 연상케 했다. 지옥 불에 물총을 들고 뛰어들다니! 그러나 15년 뒤에 그를 회당에서 만났는데 매주 5,000명 이상이 모이고 있었다. 그것만이 아니다. 그는 그 나라 정부와 연계하여 그 지역 사회를 개발하는 그런 일까지 깊숙이 관계하고 있었다. 어떻게 그럴 수 있을까? 그는 결실을 거둔 것이다. 그는 그 나라와 또한 인접 국가에 300개의 교회를 시작했다. 그는 또한 세계를 무대로 뛰는 사업가들을 훈련하여 어려운 지역에서 가정교회를 시작하도록 했다.

나는 이런 사람이기를 원한다! 거시적 관점을 가진 거시적 교회! 그는 기쁨으로 충만한 반면, 나는 형편없이 구겨졌다. 그와 함께 있는 시간이 너무 좋아서 어느 날 나는 매일 아침마다 한 시간씩 함께 조깅을 하자고 졸랐다(그는 조깅과는 거리가 먼 사람이었지만). 그 후, 우리는 소그룹 모임에서 함께 예배드리게 되었고, 내 곁에 그가 함께하곤 하면서 마침내 나는 그와 함께 "성령 안에서" 춤을 추게까지 되었다(사실 나는 춤과는 전혀 거리가 먼 사람이었지만. 모두 성령에 너무 흠뻑 취했는지 단 한 사람도 내 공연에 앵코르를 외치지는 않았지만 말이다).

우리는 문화 속에서 방향을 잃고 우리의 목소리도 잃어버렸다

지역교회는 주어진 지역 사회에서의 하나님의 나라를 보여주기 위해 하나님의 섭리에 의해 세워졌다. 그러나 오늘날 지역교회는 정말 하나님의 섭리대로 기능을 수행하고 있는가? 오늘날 북미지역에는 전역에 걸쳐 수많은 교회건물들이 있다. 그러나 이들은 무의미해 보이고 제 궤도를 벗어난 것 같다. 이 세상에 아무 충격도 주지 않고 있다는 말이다. 앞에서 얘기한 호주의 여승무원과의 대화가 보여주듯 삶이란 무엇인지에 대해 우리는 아무 가치나 실체를 이 사회에게 보여주지 못한다. 사람들은 그들이 좋아하거나 싫어하는 것을 구체적으로 말할 때 그들이 다니는 교회나 전통 또는 스타일을 말할 뿐이다.

심지어 오늘날의 현대적 교회에서도-우리 교회도 그 중 일부다- 현대적이거나 혁신적인 어떤 이슈들을 얘기할 때 본질보다는 단지 스타일, 구조 또는 일정과 관련해 얘기할 뿐이다. 예를 들면, 아침 9시 30분 예배에 사람들이 더 많이 올 것인가 아니면 11시 예배에 더 많이 올 것인가 하는 문제라든가 아니면, 찬양팀을 만들어야 하는가 하는 문제, 또는 음향시설을 갖추어야 하는가 등을 결정하기 위해 우리는 엄청난 에너지를 소비한다. 그러나 회중들에게 전달할 메시지에 똑같은 주의를 기울이는가? 시의적절하게 의사전달 하는 방법은 너무나 잘 배워왔지만 정작 우리의 메시지가 무엇인지 제대로 알고 있는가?

커뮤니케이션의 형태는 반드시 우리가 전하는 대상에 맞는 언어이어야만 한다. 그러나 미국 문화 스타일을 반영하려 너무 노력하다 보니 메시지는 생명을 잃고 더 이상 문화를 인도하는 양심으로서의 역할을 못 한다. 우리는 우리의 목소리를 잃어버린 것이다. 복음의 메시지는 가공할 정도로 힘이 있다. 우리의 목소리를 어떻게 찾을 수 있을까?

「변두리의 예수님(*Jesus in the Margins*)」[2]을 저술한 릭 매킨리(Rick McKinley)는 오리건 주 포틀랜드에서 목회하는 새로운 젊은 목소리다. 언젠가 한번 그는 내게 어떻게 교회를 시작했는지를 말해주었다(그 교회는 현재 엄청나게 성장하고 있으며 수많은 교회를 개척하는 데 많은 일을 하고 있다). 그는 처음 몇 달 동안, 하나님의 나라를 성도들에게 체험케 하기 위해 오로지 '회개'만을 설교했다고 한다. 그 결과, 그 교회는 수백 개의 포스트모던 교회를 세웠으며 포틀랜드 지역에 커다란 영향을 끼치고 있다. 그가 초기에 전한 그 메시지가 오늘날 그 교회가 행하는 사역에 든든한 반침이 된 것이다.

우리는 선교 사명을 행정주의와 교파주의에 잃어버렸다

조직이 너무 관료화되면서 많은 교회들이 정작 지역 교회로서 해야 할 사역과는 거의 상관없는 획일화된 사역에 모든 자원을 쏟아 붓고 있다. 오늘날 '사역'이라는 말은 종종 조직을 위한 자금 확보용 전문 용어로 되어버렸다. 즉, 정작 노와야 할 시역 교회를 돕는 것이 아니라 '사역'이라는 이름 아래 조직 자체를 섬기기 위해 월급에서 세금을 거두어내는 식의 기능성과 관련이 있게 되었다. 많은 교파들이 이 세상을 흔들어놓을 정도의 정말 필요한 충격을 주기 위해 협력하기는커녕, 부유한 자나 종교적인 권위를 가진 자들에게 잘 연결된 자들의 특정 이익을 대변하는 목소리가 되고 말았다. 그러니 당연히 진취적인 사역 지향과는 거리가 멀어져 아무 시도도 하지 않으며 시도한다 해도 불발로 끝나는 것이다.

본연의 소명으로 돌아가기 위한 변화의 소리는 수년간 있었건만 거의 무시되거나 이차적인 것으로 치부되어 버렸다. 종신직 상담고문인 라일 셜러(Lyle Shaller) 같은 사람은 교회가 존재하는 원래의 목적을 수행하는 것에 각 교파들이 더욱 민감해야 한다고 도전했다. 내가 속한 교파에서도 나는 분명히 말하거니와-사실 교파라는 것이 너무 분열되고 세분화되어 어느 한 교파에 속한다는 것이 가능한지 모르겠지만-미래는 하나님의 나라에 대한 소명을 가진 일꾼들을 키워내는 교파나 그룹의 손에 달렸음을 나는 분명히 믿는다.

우리는 하나님과의 친밀함을 종교에 빼앗겼다

하나님의 나라는 그 어느 건물보다도 훨씬 크다. 그런데도 우리 대부분은 이 잠시 왔다가 가는 세상에서 자신의 건물을 지어보겠다고 법석이다. 교회는 어떤가? 성경은 우리가 잠시 잠깐이 아닌 영원을 위해 산다고 말하는데…. 참으로 어리석은 일이 아닐 수 없다. 자, 이제는 이렇게 살아보자. 하나님의 나라는 우리와 비교할 수도 없을 만큼 훨씬 크다는 것을 증명하는 그런 삶을 살아보자는 말이다.

하나님의 나라를 이해한다는 것은 실로 삶을 통째로 바꾸어놓는 일이다. 여러분도 내가 한 것처럼 마태복음 5장의 산상수훈을 천천히 읽는 것부터 시작해보라. 이 부분을 최대한 천천히 읽어본 적이 있는가? (사실, 천천히 읽는다는 것은 너무 무감각해진 우리에게는 보통 어려운 일이 아니다.) 자, 이제 다른 질문. 이 말씀대로 살아본 적은 있는가? 많은 사람들이 이 말씀을 읽고 심지어는 이 말씀에 관하여 시리즈로 설교도 했을 것이다. 그러나 내 질문은, "어떻게 하면 그 말씀대로 살 수 있는가?"하는 것이다. 신학적으로라면 하나님의 나라가 무엇인지 나는 이해한다. 그에 대한 문자적인 해석을 연구했으니까. 신학자나 일반 학자들이 쓴 책과 주석을 보며 그들이 '하나님의 나라'에 대해 뭐라고 하는지 읽어보았으니 말이다. 내 안에 개인적으로 하나님 나라의 삶을 산다는 것은 무슨 의미인가? 그리고 교회로서 협력하여 산다는 것은 무슨 의미인가?

내가 처음 이 문제를 집중적으로 연구하기 시작했을 때 그런 삶을 산다는 것은 도저히 불가능해 보였다. 그런데 요한이나 베드로, 그리고 사도 바울이 실제로 "나를 본받으라" 하는 부분을 읽으며 나는 몹시 혼란스러웠다. "나를 본받으라." 이는 달리 말하면 "내가 사는 대로 살아라"는 말이다. 똑같은 사람인데 어떤 사람은 표본이 될 정도로 예수께서 가르치신 그 삶을 살았다는 말 아닌가!

신약에 나타난 목사, 집사 또는 기독교 지도자들의 자격 요건이 무엇인지 한번 생각해보자. 대부분의 조항이 그 사람의 종교적인 요소들 즉, 신학이나 교육 배경보다는 그 사람의 인격이나 온전함과 같은 친밀함에 초점을 맞춘다. 사실 나는 이 문제로 양심이 몹시 찔렸다. 교육의 가치나 신학적인 훈련을 내가 더 중시한다고 해서가 아니라, 아주 친밀한 관계에서 한 사람에게 얼마나 지대한 영향을 끼칠 수 있는지를 과소평가했다는 사실에 나는 양심이 찔린 것이다.

그리고 나서 이번에는 리처드 포스터(Richard Foster)의 글을 읽고 휘청거렸다. 그의 저서인 「영적훈련과 성장(Celebration of Discipline)」 서문에서 그는 그리스도인의 삶, 특히 산상수훈이 실제인지 아니면 단지 이상이거나 숭고한 관념 또는 동경인지 질문했다[3]. 사실 그 때까지 그것은 내게 이상이며 숭고한 꿈이었다. 나는 아주 정상적인, 착한 침례교인이었다. 그러나 내 마음과 행위의 저 깊은 곳은 다른 사람과 하나도 다를 바가 없었던 것이다.

자, 이번에는 달라스 윌라드를 만나게 되었다. 우리의 친밀함을 종교라는 이름에 빼앗긴 것은 제자도의 문제며 아주 단순한 것임을 나는 한순간 깨닫게 되었다. 복음 전도의 문제점은-다른 교리도 마찬가지지만- 우리의 믿음을 나누는 문제라기보다는 우리의 믿음에 걸맞은 삶을 살아가야 한다는 것이다.

우리는 그동안 서구 대학 시스템 안에서 유래한 서양식 사고방식으로 무장을 해왔다. 마치 마술처럼 그것을 통해 사람들로 하여금 제대로 삶을 살아가게 해주기를 기원하면서 말이다. 그러나 그것은 정보를 거래하는 것과 같은 교과서 중심의 시스템이다. 얼마나 많은 사람들이 이런 말을 들어봤는가?(또는 다른 사람에게 말해왔는가?) "옳은 것을 믿으면 옳게 살 수 있다." 이 말은 진실이 아니다. 단지 옳은 것을 믿는다고 해서 그리스도인의 삶을 살 수 있는 것은 아니다.

그렇다면, 초대 교회의 성공의 열쇠는 무엇이었을까? 그들에게는 신학교도 없었다. 단지 몇 개의 교회와 그 보다 더 적은 수의 목회자가 있었을 뿐이다. 대부분은 글도 읽을 줄 몰랐다. 오늘날 우리가 알고 있는 신약성경이란 것도 없었다. 그러므로 그들은 교육이나 정보에 기반을 두고 제자로서의 삶을 실천한 것이 아니었다. 그럼에도 그들은 사람들에게 혁명적인 변화를 일으키는 제자로서의 삶을 살았다. 우리가 정보를 마스터하기 원하는 반면, 그들은 삶을 마스터하기 원했던 것이다.

서양에서는 진리를 믿는다는 것과 그 진리가 우리의 사는 방식에 충격을 준다는 것을 분리하는 것이 허용돼 왔다. 동양의 교회와는 너무 다르다. 우리의 믿음, 삶의 방식, 인격, 태도 이 모든 것들이 한 자리에 모일 때까지는 결코 우리가 할 수 있는 일이란 없다.

하나님과의 친밀함인가? 아니면, 종교적 믿음인가? 오늘날의 위대한 사상가나 신학자들이 이 문제를 다루는 것을 봤다. 톨스토이는 러시아 정교회와 잘 연결된 귀족임에도 종교 조직 내에서보다는 오히려 변방의 농부들을 통해 하나님의 친밀함에 대해 깊은 공감을 느꼈다. 하나님의 나라에 대한 톨스토이의 이해는 역사와 인류에게 충격을 주는 면에서 엄청난 혁명을 일으킬 만한 것이었으나, 교회는 그의 아이디어에 거리를 두었다. 결국, 교회는 '종교적'으로 남기는 했지만 진정으로 뭔가 '달라지지'는 못했다. 디트리히 본회퍼는 예수님의 메시지대로 실제로 '살아가는 것'에 대해 비슷한 개념을 발전시켰다. 그는 2차 대전 때 감옥에 가기 전, 이를 통해 그의 신학교를 구상하는 방법에 지대한 영향을 끼쳤다.

그 후, 나는 E. 스탠리 존스와 접하게 되었다. 그는 단지 말로만 가르친 것이 아니라 삶으로 보여준 사람으로서 나에게 많은 영향을 끼친 스승이 되었다. 더 나아가 그는 그저 삶으로 보여주는 차원을 넘어 선교사로서, 목사로서, 그리고 신학자로서 실천하는 삶을 살기 위해 매일 부단히 노력하는 모습을 보여주었다.

어느 날, 나는 존스가 간디에 대한 일대기를 저술한 것을 알게 되었다. 믿기 어렵지만 간디는 예수님의 메시지를 몸소 부단히 실천하는 사람 중의 하나였다. 간디가 하루에 평균 2시간을 성경 말씀을 묵상하며 보냈다는 사실을 아는가? 간디도 인정하듯이 예수님의 산상수훈은 상당 부분 간디가 행한 모든 것의 기반이 되었다. 정말 놀라운 사실 아닌가! 간디는 기독교인도 아니고 그 자신도 기독교인이라고 공언한 적도 없다. 그러나 예수라는 인격과 그의 산상수훈은 간디를 감동시켜 그의 삶과 업적에 엄청난 영향을 끼쳤다.

그리스도를 소유하지 않은 사람이 한 나리를 변화시킬 수 있는 반면, 성령을 소유한 기독교인이 한 나라에 변화를 줄 수 없다는 것은 무언가 잘못되어도 한참 잘못되었다. 존스에 의하면, 간디는 십자가를 하나의 따라야 할 삶의 방식으로 인식했다 한다. 반면에 우리 대부분의 기독교인은 십자가를 단지 믿어야 할 신앙의 관념으로 이해한다. 하나님의 나라란 우리의 삶에서 실천해야 할 근본적인 메시지다. 그래야 역사적으로 문화적으로 엄청난 결과를 얻을 수 있다.

교회가 소유한 자원이 그 어느 때보다도 풍족한 시대에 우리는 살고 있다. 교회에 부족한 것은 돈이나 교육, 지위가 아니라 하나님의 나라가 살아 있고, 실재하며, 진실이라는 것을 이 세상에 보여주는 능력이다. 사람들은 예수님 때문이 아니라 바로 우리 때문에 혐

> *복음과 십자가에 대해 소위 완벽하게 이해한다고 하는 대부분의 기독교인보다 오히려 진리에 대해 그 반쪽만 이해한 간디는 그 진리를 실천함으로써 세상에서 더 큰 일을 해냈다.*

오감을 느끼지 않는가! 나사렛 예수에게서 볼 수 있는 평화, 소망, 그리고 온전함을 사람들은 우리를 통해 볼 수 없다. 그들이 우리를 통해 보는 것은 세계 레슬링 대회와 같은 쇼나 기막히게 잘 연출하는 위선과 종교적 횡포가 아니던가!

한번은 어느 나라의 장래가 촉망되고 새롭게 부상하고 있는 젊은 지도자를 방문한 적이 있다. 그는 무신론자였다. 수개월에 걸쳐 하나님과 성경에 대해 토의를 한 후, 그에게 질문을 했다. "성경의 모든 약속과 예수께서 우리의 삶을 소생시킨다는 것이 진실이고, 당신이 확실하게 그것을 알 수 있다면, 당신은 예수를 따르겠는가?" 젊은 무신론자는 조금도 주저하지 않고 대답했다. "물론이죠!" 만일 믿는 우리를 통해서 이 젊은이가 예수를 볼 수 없다면 어떻게 그가 예수를 믿고 따를 수 있겠는가?

하나님 나라의 도래와 확산

하나님의 나라를 강물로 이해한다는 것은 그 성스러운 물결을 따라 살며 함께 나눈다는 의미다. 온전함과 인격, 그리고 다른 뺨을 돌려대라는 예수님의 가르침이 신학적, 역사적 이슈 못지않게 중요하다는 것, 이것이 하나님의 나라다. 비록 지금은 이런 사고방식을 미국에서 볼 수 없지만 언젠가 곧 그렇게 될 것이다. 비록 아주 작고 힘들게 시

작되겠지만 세상을 변화시키며 하나님 나라 시민으로서의 삶의 모양을 갖추어감에 따라, 케케묵은 싸움과 전혀 그리스도를 닮지 않은 기독교인의 태도에 진저리난 사람들이 그 주위로 몰려들 것이다.

이러한 하나님 나라의 성스러운 흐름을 나는 "하나님 나라의 도래, 그리고 하나님 나라의 확산"이라고 부르고 싶다. 이것은 마치 들숨 날숨과 같다. 어느 한쪽을 안 하면 산소 공급은 중단되고 죽게 된다. 이와 마찬가지로, 하나님 나라의 삶에 대한 정수인 산상수훈은 소금(하나님 나라의 도래)과 빛(하나님 나라의 확산)에 초점을 맞춘다.

소금과 빛

"너희는 ○○이다."라고 예수께서 말씀하신 경우가 마태복음에 단 2번 나오고 신약 전체에서 거의 찾아볼 수 없다. 마태복음 5장 13절 말씀을 보자. "너희는 세상의 소금이니 소금이 그 맛을 잃으면 무엇으로 짜게 하리요 후에는 아무 쓸데없어 다만 밖에 버리워 사람에게 밟힐 뿐이니라" 우리의 빛은 단지 우리가 누구인지를-우리의 바탕을 이루는 인격과 온전함을- 비출 뿐이다.

소금에 대한 찬양이 있는지 모르겠다. 빛이 되는 것이라든가, 빛을 보내거나 밝힌다는 곡은 많이 알고 있다. 온통 빛에 대한 노래다. 그러나 마태복음 5장 말씀을 보면 소금이 먼저 나온다. 소금이 많은 음식의 기본 요소인 것처럼 이것이야말로 우리 삶의 기본 맛을 낸다. 사람들을 우리에게로 끌어들이는 것도 소금이고, 그들에게 예수님이 어떤 분인지 그 맛을 알려주는 것도 바로 이 소금이다.

빛보다 소금이 먼저 나온 이유는 우리가 빛으로서 효과적이기 위해서는 우리의 인격이 소금이 먼저 되어야 하기 때문이다. 그럼에도, 우리는 빛의 이미지에 더 매력을 느낀다. 빛은 우리의 메시지를 전하는데 있어서 그 선포하는 바와 동시에 열정을 보여주기 때문이다. 그러나 소금이 없는 빛은 무미(無味)할 뿐 아니라 전혀 삶에 변화도 주지 못한다. 소금이 없는 빛은 사실 불쾌할 뿐 아니라 심지어는 위험하기까지 하다. 새벽에 떠오르는 태양의 온화함과 어두운 길에서 마주 달려오는 자동차 헤드라이트처럼 눈을 멀게 하는 불빛의 차이를 생각해보라. 근시안적인 교회는 성도들의 '소금 됨'을 먼저 계발하지 못하고 빛부터 비춘다. 그래서 결국 고의는 아니겠지만 교회가 전하는 메시지에 사람들이 눈이 부셔 보지 못하게 하는 결과를 낳고 만다.

소금과 빛에 대해 얘기할 때 명심해야 할 것은 소금 따로 빛 따로가 아니라는 것이다. 소금과 빛은 함께 언급되어야 한다. 소금이 들어올 때 빛이 흘러나온다. 마치 우리의 숨과 같다. 매 순간의 호흡은 바로 그 전에 있었던 호흡에 기초한다. 소금이 충만하면 빛도 충만해야 한다. 그러나 흘러나오는 빛은 제쳐놓고 소금에만 치중하면, 마치 흘러나가는 물이 없음으로 인해 사해가 소금으로 딱딱해짐과 같이 교회도 단단한 각질의 울타리에 갇히게 되고 만다. 사해는 지구상에서 가장 짤지 모르지만 거기에는 생명이 없다. 이 반대의 경우도 위험하기는 마찬가지다. 소금은 제쳐놓고 빛에만 치중하면 그 결과는 온통 번쩍거리기만 하는 천박하고 일시적인 교회 사역만을 초래할 뿐이다. 겉만 번쩍거린다고 해서 세상이 변화된 적이 있는가? 그 지역 사회가 근본적으로 변화하여 하나님의 나라가 드러날 때 진정한 변화가 일어난다.

리틀 록(Little Rock)에 있는 휄로우쉽 바이블 교회의 로버트 루이스 목사는 우리에게 한번쯤 생각하게 하는 매우 어려운 질문을 던진다. "만일 지역 사회의 교회가 다 없어진다면, 그 교회의 신자들 외에 교회를 그리워할 사람이 있을까?"[4] 상당히 듣기 거북한 질문이다. 그러나 우리가 진정 빛과 소금이라면, 복음이란 단지 우리 울타리 내부에 있는 자들만을 위한 것이 아님을 고백하게 될 것이다. 지역 사회와 세상에 강한 충격을 주는 것이 바로 복음이다.

그들이 따르든지 안 따르든지…

하나님의 나라란 우리가 섬기는 사람들이 모두 크리스천이 되든지 안 되든지 우리가 소금과 빛이 되는 일에 헌신한다는 의미다. "동지 아니면 모두 우리의 적"이라는 오늘날의 사고방식은 초대교회에서는 찾아볼 수 없다. 오늘날의 우리는 다음의 두 가지 중 하나의 방법으로 문화를 변화시키려 애쓰는 것 같다. 하나는 우리의 길을 가기 위해 타협하는 것이고, 다른 하나는 이 세상에서 하는 방법 그대로 정치력을 발휘하는 것이다. 어느 것이든 예수님이 하신 방법과는 전혀 반대다. 주님의 방법은 주님의 생명을 거는 것이었다. 복음 전도란 숫자의 증가를 말하는 것이 결코 아니다. 주님의 사역은 "우리 교회에 오시오"라는 이벤트가 아니었다. 그것은 생명의 이벤트였다. 한번 생각해보라. 주님은 그들이 주님을 따르든지 안 따르든지 그 지역 사회에서 사람들을 먹이시고, 치유하시고 섬겼다.

우리가 믿음을 다른 사람과 나누고자 할 때 많은 이들이 그 메시지를 거부하려 하는 경우가 있다. 그러나 그러한 만남을 통해 뭔가 긍정적인 것들이 우리 안에서 생겨나게 된다. '사역'이란 단순히 선포하고 전하는 것만이 아니다. 그것은 실천하는 제자도며, 이를 통해 우리가 믿음을 나누려는 대상보다 오히려 우리 자신의 내적 성장을 가져온다.

중요한 질문들

기독교 지도자의 대부분이 그들의 삶과 사역을 자신이 속한 개교회로 한정한다. 그보다는 주님의 몸 된 교회라는 관점에서 설명하면 어떨까? 그럴 경우 자기중심적이고 자산이나 축적하는 사고방식에서 벗어나 그 지역 사회와 세상을 향해 온몸을 동원하는 데 더 집중하지 않을까 싶다. 한번 아래와 같은 가능성들을 생각해보자.

- ▶ 자신의 교회는 폭발적으로 성장하면서도 정작 하나님께서 운행하시며 역사하시는 우주적 교회에는 전혀 유익이 되지 않는 교회의 일원이라면 어떻겠는가?
- ▶ 목회자의 주사역이 교회를 동원하여 땅 끝까지 가는 것이라면 어떻겠는가?
- ▶ 매년 교인의 10퍼센트가 온 세계를 향해 선교사로 혹은 교회 개척자로 나가면 어떻겠는가?

나는 이런 일들을 전부 겪은 것은 아니지만 상당 부분 경험했다. 이를 통해 내가 아는 것은 이것이다. 내게 진정한 만족이 있을 때까지 나는 결코 자기만족에 빠지지 않을 것이라는 사실이다.

이러한 질문들과 관련된 다른 것들이 아직 많이 있다. 그리고 그보다 더 많은 질문들이 대답을 기다리고 있다. 이 책의 나머지는 그러한 것들을 다루려 한다.

- ▶ 하나님께서는 온 세상을 위해 우리를 창조하셨건만 우리는 그저 건물과 교인 수에만 안주하는 것을 깨닫는 문제
- ▶ 초대 교회와 하나님의 나라로 발걸음을 들여놓는 문제-과거와 미래의 궁극적인 연결 문제
- ▶ 가난하고, 핍박받으며, 기본권이 유린당하는 자들을 지역적으로, 전 세계적으로 연결하는 문제
- ▶ 단순한 숫자상의 증가라는 좁은 안목에서 벗어나 전 세계적으로 기하급수적으로 성장하는 방향으로 교회 전체를 이끌어가는 문제(정보information에서 완전한 변화transformation로, 믿음

believing에서 실제 삶living으로 전환하는 문제)

온갖 난리와 세기말 풍조가 횡행하는 오늘날, 현대인은 더욱 깊은 삶의 의미를 추구하게 됨에 따라 예전의 단순한 성공 지향적 사고방식은 이제 그 종적을 감추고 있다. 조직화된 종교, 오직 나만을 위한 그리스도와의 이기적인 관계에서 벗어나 더 큰 일에 당신의 삶을 헌신할 때 통계상의 숫자란 아무 의미가 없다. 기독교인으로서 진정 최후의 생존자가 되고 모험가가 되고자 한다면 생산성의 향상과 같은 양적 문제는 더 이상 중요하지 않다. 이들에게 정작 중요한 것은 바로 질적인 문제, 즉 급류를 거슬러 올라가는 역동적인 '변화된 삶'이다. 오늘날의 세상에서 이러한 믿음이야말로 우리에게 정말 중요한 것이고 용기며 없어서는 안 될 그런 것이다.

깊이 생각하고 논의할 문제들

1. 교회가 방향을 잃어버리게 된 또 다른 이유에 대해 당신이 알고 있는 것이 있는가?
2. 필요한 모든 것이 있다고 생각하는 사람들에게 예수님이 필요하다는 것을 어떻게 설득할 수 있을까?
3. 교회에 갈 때 무엇을 얻을 수 있을까를 더 많이 생각하는가? 아니면, 무엇을 나누어줄 수 있을까를 더 많이 생각하는가? 그 이유는?
4. 예수님이라면 당신의 교회에 대해 어떻게 생각하실 것이라고 생각하는가?

2

도대체 교회가 자리매김해야 할 곳은 어디인가?

　교회 생활을 해본 사람이라면 많은 이들이 내가 하는 얘기에 크게 공감하리라 생각한다. 현재 목회하는 교회에 오기 전에 나는 이미 다른 주에서 많은 사역팀과 함께 일한 적이 있다. 그 당시 내가 일했던 교회의 목회자는 곧 은퇴할 예정이었고, 많은 사람들이 내가 다음 담임 목회자가 될 것을 암시했다. 솔직히 말해서, 나는 20대의 젊은 청년으로서 여러 가지로 환멸을 느끼고 있었다. 그 당시 나는 기독교 지도자란 자신이 가르친 대로의 삶을 살아야 하며, 그렇지 않으면 지도자의 자리에 있어서는 안 된다고 생각하고 있었다. 한 마디로 나는 풋내기였다.

　나중에 교회를 개척할 기회가 주어졌을 때, 나는 내 생각이 한참 잘못되었다는 것을 깨달았다. 교회 개척이야말로 내가 가장 하기 싫은 일이었다. 신학생 시절, 나는 교회 개척이란 이미 존재하는 교회에 자리를 잡아서는 안 되며 새로운 교회를 시작해야만 하는 것이라고 생각했다. 나는 정말 교회를 개척하고 싶지 않았다. 그보다는 더 나은 대접을 받아야 마땅하다고 나는 생각한 것이다. 내가 교회를 개척한 오직 한 가지 이유는 그 당시 내가 느끼던 환멸감에 대한 반작용 때문이었다. 만일 내가 교회를 개척하면 깨끗한 슬레이트 지붕의 순결한 교회를 시작하고 싶었다(참으로 소설에나 나올 법한 발상이다. 마치 나 자신의 모든 것이 순결하기라도 한 듯 엄청난 착각이다). 순수한 동기를 과시라도 하려는 듯이 나는 1985년, 지금 섬기고 있는 노우스우드

(Northwood) 교회를 개척했다. 그리고 위험천만하게도, 현혹될 정도의 성공을 순식간에 맛보았다.

곧이어 5배나 더 큰 부지로 교회를 옮길 기회를 가지게 되었다. 지금 생각해보면, 그 교회 이전은 너무 성급하고 충동적인 것이었다. 불과 2개월이라는 시간 동안에 우리는 그 생각을 했고 교회 건물을 포함한 10에이커의 용지를 팔아 50 에이커의 부지를 사들였다. 그리고 우리는 쇼핑센터로 이주하여 임시로 그곳에서 예배를 할 수 있도록 개조하기 위해 20만 불의 기금을 조성했다. 이 위험한 결정에 나뿐 아니라 온 교인이 만장일치로 찬성을 했다. 나의 가장 친한 친구 중 한 사람만 빼고!

교인 수가 늘어나기 시작했다. 쇼핑센터에서 드린 첫 예배에 200명이나 더 참석해 700명이 예배를 드렸다. 교인 수가 계속 늘어나 우리를 놀라게 했다. 그러나 한 달이 끝나갈 무렵, 우리는 350명으로 오히려 줄어들었다. 우리가 성장해온 것보다 훨씬 더 빠른 속도로 단 3개월 동안에 교회가 쇠퇴하기 시작했다. 사실, 나는 잘나가는 교회 성장 전문가로서 프로그램 강연을 맡아 하곤 했었다. 그러나 일이 이 지경에 이르자 나는 회의에 연사로 참여하는 것을 사양했다. 나는 단지 운이 나쁜 것이라고 생각하면서…. 전단에 내 사진과 함께 이런 문구가 보이는 것 같았다. "10주 안에 교인 수를 대폭 줄이는 10가지 방법!"

이 시기에 나는 톰 울프(Thom Wolf)와 캐럴 데이비스(Carol Davis)가 말한 것을 다시 생각해보았다. 톰은 브래디 교회의 전임 목회자로서 많은 교회를 개척했고, 또한 수많은 선교사를 배출했다. 캐럴은 톰과 함께 스태프로서 사역하다가 현재는 그녀의 선교 단체를 조직하여 사역하고 있다. 이 두 사람을 통해 나는 그 당시로써는 들을 준비조차 되어 있지 않던 것들을 배우기 시작했다. 그들은 내게 자신이 목회하는 개 교회(church)가 아닌 주님의 몸 되신 전체 교회(대문자 C로 시작되는 Church) 성장의 의미에 대해 나를 깨우치며 내 안에 씨앗을 심기 시작했다. 개 교회(church)와 주님의 몸 된 전체 교회(Church), 이 둘은 완전히 다르다. 수개월을 괴로워하며 보낸 후 나는 결단을 내렸다. 그 지역에서 가장 큰 교회가 되는 것이 아니라 그 지역을 교회로 만들자고.

지역을 교회로 만들기

그 당시로써는 아직 그 결정에 대해 자세한 사항은 이해하지 못하고 있었다. 사실, 나는 지금도 매일 그 신비를 이해하고 풀고 있는 중이다.

때로는 개 교회를 위해 좋은 것이 반드시 전체 교회에 좋은 것은 아니다. 그리고 솔직히 말하건대, 전체 교회에 좋은 것은 개 교회에 안 좋을 수도 있다.

예를 들면, 나는 세상에 충격을 주기 원했지만 교회 증식에 대한 과정을 몰랐다. 교회를 하나씩 늘려나가는 것과 관련된 분야에서 나는 씨름하기 시작했다. 물론, 나는 교회 개척에 대해 잘 알고 있었다. 나 자신이 교회를 개척했으니까. 그러나 건강한 교회는 번식력이 있어서 스스로 증식해야 한다는 것을 깨닫지 못하고 있었다. 교회 개척은 선교나 제자 훈련, 또는 어린이 사역과 마찬가지로 아주 자연스러워야만 한다. 우리가 무엇을 하는지 아직 정확한 이해를 못했음에도, 우리는 그 지역에서 가장 큰 교회가 되기 위해 모든 에너지를 쏟아붓는 대신 지역을 교회화하는 일을 시작했다.

우리 교회에서 동쪽으로 3마일 떨어진 곳에 그 첫 번째 교회를 세웠다. 곧이어, 두 번째 교회를 서쪽으로 4마일 떨어진 곳에 세웠다. 현재 이렇게 세워진 여덟 교회가 우리 교회를 에워싸고 있다. 그런데 갑자기, 교회를 더 세운 것도 아닌데 교인 수가 기하급수적으로 증가하기 시작했다. 우리 교회의 교인 수 2,000명에, 앞서 말한 여덟 교회에 출석하는 5,000명이 더해진 것이다. 최근 이 여덟 교회 중 세 교회는 처음으로 교인 수가 1,000명을 넘어섰다. 십 년만의 결실이었다. 현재 우리 교회는 지금까지 80개가 넘는 교회를 세웠다. 전체 교인 수로 보면 20,000명이 넘는다.

게다가, 우리는 한결같이 교회의 자기 증식을 믿고 있었는데(교회는 자기복제 기능이 있는 DNA를 가지고 있다) 이제 우리는 손자 교회, 증손자 교회를 넘어 고손자 교회까지 세웠다. 이들 교회에서 매주 30,000명 이상이 예배를 드린다. 작년 한 해만도 3,600명의 새신자가 일 년 전까지만 해도 존재하지 않았던 이들 교회에 등록했다. 이들 교회의 대부분은 평균 50~100명이 출석하고 있다. 지금부터 4년 동안 이들은 매년 최소한 4배로 성장해 15,000~2,0000명의 새로운 사람들로 교회를 채운 각각의 지교회가 될 것이다.

어떻게 이런 폭발적인 성장이 일어났을까? 분명한 것은, 우리가 교회 개척을 연구하고 시스템과 목표를 가지고 전략을 세웠기에 어느 날 일어난 것이 아니라는 사실이다. 프로그램이나 어떤 패키지 때문이 아니다. 나 자신의 깨어짐과 노우스우드 교회의 몸부림을 통해 '우리는 여전히 이 세상을 변화시킬 수 있다.'는 사실을 발견했기에 이 일은 가능했다. 이 세상을 변화시키기 위해서는 이제껏 우리가 해오던 것과는 완진히 다른 일을 해야만 한다는 것을 마침내 깨닫기까지 우리는 충분한 좌절을 겪었다.

어느 선교학자나 교회 역사가들이 우리에게 일러줄 수도 있었겠지만 우리는 스스로 몸으로 부딪치며 이것을 배웠다. 아이러니하게도, 오늘날 서양은 부흥을 위해 믿음으로 기도하며 성령께서 이 세상에서 뭔가 엄청난 일을 해달라고 간구하고 있다. 한 가지 비밀을 얘기해주고 싶다. 부흥은 이미 왔다. 단지 아직 서양에는 도달하지 않았을 뿐이다. 이미 부흥의 불길은 중국을 포함한 세계의 열방에서 타오르고 있다.

특히, 중국은 전 세계를 부흥의 불길로 타오르게 할 소중한 비밀을 간직하고 있다.

교회를 제대로 자리매김하기 위하여

왜 부흥의 불길이 서양에는 아직 오지 않았는가? 여러 가지 이유가 있지만 서양에서는 교회가 제대로 자리매김을 하지 못한 것이 주된 이유라고 나는 믿는다. 하나님의 계획대로 자연스럽게 부흥이 불길이 타오르도록 하는 대신, 우리는 좀 더 관리가 쉽도록 체계적인 프로그램 안에 왜곡시켜 집어넣어 버렸다. 우리는 무의식중에 우리 가운데 행하시는 하나님의 초자연적인 역사의 강물을 댐으로 막아버렸다. 교회의 목적에 대한 우리의 인식을 하나님께서 수정하시도록 온전히 맡겨드릴 때 교회는 다음과 같이 제대로 자리매김을 하게 될 것이다.

- ▶ 열방과 연결된 교회
- ▶ 문화와 연결된 교회
- ▶ 하나님의 나라와 연결된 교회
- ▶ 성도의 제사장직과 연결된 교회
- ▶ 영원과 연결된 교회

열방과 연결된 교회

이런 상상을 한번 해보자. 모든 영적인 작전이 계획되고 구체화되어 이 세상 구석구석에서 그 작전을 실행하는 베이스캠프로서 교회를 보면 그제야 하나님의 자녀들을 향한 성경의 주제가 구체적인 그림으로 떠오르게 된다. "내게 구하라 내가 열방을 유업으로 주리니"(시편 2:8). 신구약을 보면 열방은 하나님께 매우 중요한 개념임을 알 수 있다. 그리고 제자도란 그 지역 사회와의 관계 속에서 설정되었다는 것도 알 수 있다. 예수께서는 우리에게 온 족속으로 제자를 삼으라고 하셨지 단지 몇몇 개인을 제자로 삼으라고 하신 것이 아니다.

> 하나님의 흔적은 온 세상의 열방에 남아 있다. 하나님은 각 민족을 사랑하시고 각 국가를 사랑하신다.

이제는 우리의 초점을 옮겨야 한다. 개인적인 제자도에 대한 관심으로부터 모든 열방과 기반 구조를 포함하는 좀 더 도전적이고 총체적인 과업으로. 여기에서 핵심 단어는 "넓게 확장" 하자는 것이다. 우리는 자신을 넘어서는 확장된 사고로 하나님의 마음을 열방에 심기 시작해야 한다.

보이는 세상이라고 해봤자 갈릴리 해변이나 팔레스타인 정도였던 1세기 유대인들에게 세계라는 개념은 이해하기 어려웠을 것이다. 그래서 주님은 지상 명령을 내리시기 전에 먼저 제자들의 관점을 확장시키기 시작하셨다. 주님께서 제자들에게 원하시는 것이 무엇인지 그들을 이해시키기 위해 주님은 일종의 도약판을 주셔야 했다. 마태복음 25장 31-36절의 주님의 가르침은 마태복음 28장에서 주님의 지상 명령으로 극치를 보여준다.

> "인자가 자기 영광으로 모든 천사와 함께 올 때에 자기 영광의 보좌에 앉으리니 모든 민족을 그 앞에 모으고 각각 구분하기를 목자가 양과 염소를 구분하는 것 같이 하여 양은 그 오른편에 염소는 왼편에 두리라 그 때에 임금이 그 오른편에 있는 자들에게 이르시되 내 아버지께 복 받을 자들이여 나아와 창세로부터 너희를 위하여 예비된 나라를 상속받으라 내가 주릴 때에 너희가 먹을 것을 주었고 목마를 때에 마시게 하였고 나그네 되었을 때에 영접하였고 헐벗었을 때에 옷을 입혔고 병들었을 때에 돌보았고 옥에 갇혔을 때에 와서 보았느니라 이에 의인들이 대답하여 이르되 주여 우리가 어

느 때에 주께서 주리신 것을 보고 음식을 대접하였으며 목마르신 것을 보고 마시게 하였나이까 어느 때에 나그네 되신 것을 보고 영접하였으며 헐벗으신 것을 보고 옷 입혔나이까 어느 때에 병드신 것이나 옥에 갇히신 것을 보고 가서 뵈었나이까 하리니 임금이 대답하여 이르시되 내가 진실로 너희에게 이르노니 너희가 여기 내 형제 중에 지극히 작은 자 하나에게 한 것이 곧 내게 한 것이니라 하시고 또 왼편에 있는 자들에게 이르시되 저주를 받은 자들아 나를 떠나 마귀와 그 사자들을 위하여 예비된 영원한 불에 들어가라 내가 주릴 때에 너희가 먹을 것을 주지 아니하였고 목마를 때에 마시게 하지 아니하였고 나그네 되었을 때에 영접하지 아니하였고 헐벗었을 때에 옷 입히지 아니하였고 병들었을 때와 옥에 갇혔을 때에 돌보지 아니하였느니라 하시니 그들도 대답하여 이르되 주여 우리가 어느 때에 주께서 주리신 것이나 목마르신 것이나 나그네 되신 것이나 헐벗으신 것이나 병드신 것이나 옥에 갇히신 것을 보고 공양하지 아니하더이까 이에 임금이 대답하여 이르시되 내가 진실로 너희에게 이르노니 이 지극히 작은 자 하나에게 하지 아니한 것이 곧 내게 하지 아니한 것이니라 하시리니 그들은 영벌에, 의인들은 영생에 들어가리라 하시니라"(마태복음 25:31-46)

예수께서는 마지막 때에 모든 열방을 보좌 앞으로 모으실 뿐만 아니라 열방들을 심판하신다고 말씀하신다. 더구나, 위의 성경 말씀이 분명히 말하거니와 그 심판의 근거는 우리가 얼마나 선포를 잘했는가 하는 것이 아니라, 우리가 주린 자를 먹이고 벗은 자를 옷 입혔는가 하는 것이다. 그렇다면, 그 모든 개혁 운동과 부흥, 노방 전도 등은 어떻게 된 것인가? 마태복음 25장의 내용 중 도대체 어디에 들어맞는단 말인가?

말씀을 선포하는 기술만을 습득해온 서구 사회는 위의 말씀에 나타난 주님의 가르침을 희석시켜야 마음이 편해진다. 위의 말씀이 단지 상징적이기를 바란다. 그러나 예수께서는 이것일 수도 있고 저것일 수도 있는 시나리오를 보여주는 것이 아니다. 빌리 그래함(말씀의 선포)

과 테레사 수녀(섬김), 이 둘이 함께하지 않으면 우리는 결코 세상을 변화시킬 수 없다는 것이 주님의 가르침의 전부라고 나는 믿는다. 교회가 이 세상을 흔들어 놓기 위해서는 선포와 섬김, 이 두 가지 맥락에서 '무엇을 해야 하는가'에 다시 초점을 맞추어야만 한다. 그리고 더 중요한 것은 '어떻게 해야 하는가'라는 문제다.

나는 구약을 보며 열방에 대한 하나님의 관점이 무엇인지 연구하기 시작했다. 하나님이 한 민족을 축복한다는 것은 무엇일까? 하나님께서는 그 민족의 자연적인 기반 구조(경제, 건강, 교육, 사회 시설 등)에 강한 영향을 끼치셨다. 어떻게? 하나님께서는 이들 자연적 기반 구조에 대응하기 위해 종교라는 기반 구조를 만드는 대신 '변화된 사람들'을 만드셨다. 바로 이 변화된 사람들이 그들의 직업, 가정생활 등 일상의 궤적을 통해 기존의 기반 구조에 널리 퍼졌다. 믿음 그 자체로는 기반 구조가 될 수 없다. 그러나 이들 변화된 믿음의 사람들은 그 문화를 안에서부터 밖으로 변화시키기 위해 모든 기존의 기반 구조에 영향을 끼쳤다. 오늘날 우리는 기독교를 단지 기존의 기반 구조와 맞설 뿐, 결과적으로 아무 열매가 없는 기반 구조 그 자체로 만들어버리고 말았다. 기독교의 존재 이유는 결코 이런 것이 아니다.

문화와 연결된 교회

초대 교회가 세상을 뒤흔들어 놓을 수 있었던 것은 그 문화와 연결이 되어 있었기 때문이다. 이 점이 서구 사회가 오랫동안 놓치고 있던 점이다. 초대 교회는 전략적인 고지를 선점하고 그 문화 속에서 모습을 드러냈다. 이는 아주 자연스러운 발생으로서 그 문화에 살고 있는 변화된 사람들이 폭넓은 관계 속에서 그 문화를 변화시킨 것이다. 그리고 그 과정은 주효했다. 기독교가 전국 방방곡곡에 퍼져 나갔다. 방향을 잃고 죽어가던 문화 속에 이 변화된 사람들에 의해 복음이 마치 바이러스처럼 심겨져 그 문화를 내부로부터 변화시켜 전 사회로 퍼져 나갔다.

    신학교도 없고, 조직도 없고, 최소한 잘 짜인 주일 학교나 소그룹 모임도 없이 이들은 어떻게 그럴 수 있었을까? 이러한 것들은 그 당시에는 존재하지도 않았으니 말이다. 그러나 초대 교회는 처음부터 사회의 모든 계층에서 내부로부터 변화를 일으킬 힘이 있었다. 변화된 삶을 살아가는 농부, 인부 또는 하인 등을 통해 지역 사회와 연결된 기독교를 사람들이 목격했다. 그리고 바로 이 목격자들이 사회 전반을 변화시켰다. 초대 교회 역사에서 선교를 위한 개혁 운동을 찾아볼 수 있는가? 결코 찾을 수 없다. 오직 포괄적인 인간 관계에 의한 복음 전도를 발견할 수 있을 뿐이다. 초대 교회에서는 프로그램을 통해 복음의 열정을 전달하지 않았다. 사람들이 복음의 열정을 전달한 것이다.

    그러나 그 이후로 교회는 점차 문화에 안주하기 시작했다. 결국, 교회는 세상을 변화시키려고 무진 애를 쓰지만 아무 열매가 없는 가운데 열매를 맺으려는 중압감만 초래했을 뿐이다. 우리 기독교인은 문화의 외부에서 그 문화를 반대 방향으로 밀려고 애를 쓰는 경우가 너무 많다. 교회 역사를 살펴보면 이러한 노력이 주기적으로 행해진 예가 말 그대로 충만하다. 콘스탄틴 황제는 정부(政府)를 이용했고, 마틴 루터는 신학에 초점을 맞추었다. 부흥주의는 선교를 위한 개혁 운동을 이용했고, 교파주의는 방법론이라는 무기를 휘둘렀다. 이런 식으로 우리가 아무리 문화를 변화시키기 위해 애써봤자 결코 지속적인 결과를 얻을 수 없다.

> *효과적인 개혁 운동의 DNA를 전달한 것은 사람이지 프로그램이 아니다.*

교회가 그 문화를 외부로부터 변화시키려 한 시도들

312- 정부   콘스탄틴 황제는 정부를 이용했다.
1517- 신학   마틴 루터는 신학을 장려했다.
1792- 선교   캐리(Carey)는 선교(mission)를 일대기로 소개했다.
1850- 부흥주의 부흥주의는 '결단'에 초점을 맞추었다.
1890- 방법론   각 교파들은 방법론을 이용했다.

 교회가 문화의 외부로부터 힘을 행사하는 것이 아니라 그 문화 속에 들어가 둘러싸여 있을 때 교회는 최상의 상태를 유지한다. 몇 개의 동심원을 한번 생각해보자. 우선, 가장 바깥에 있는 원은 하나님의 나라다. 하나님의 나라는 간단히 말하면 하나님의 법칙이며 모든 것을 통치한다. 그 다음에 있는 원은 하나님의 나라와 연결된 세상이다. 이 세상은 타락했고 죄로 가득 차있다. 하나님은 이 세상 속에서 역시하신다. 어떻게? 이 세상 속에 하나님은 그리스도를 대표하는 교회를 세우셨다. 세상 안에 있는 작은 원이 교회다. 그리고 그 안에 성도라는 더 작은 원이 있다. 성도라는 원 안에 핵심인 성령이 있다. (그림 1 참조)

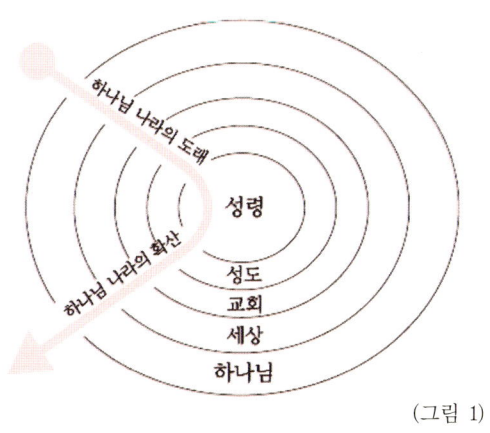

(그림 1)

이 그림에서 보듯이 안에서부터 밖으로 변화를 일으킨다. 우리 안에 있는 성령에 의해 변화된 사람들은 세상의 문화로 들어가서 '변화된 삶'이라는 부정할 수 없는 메시지를 가지고 침투해 들어간다. 우리 안에 거하는 성령을 통해 하나님의 나라가 믿는 자의 삶에 들어가는 것, 이것이 하나님 나라의 도래다. 그리하여, 믿는 자들은 하나님의 나라를 소유하고 세상에 적극적으로 연결하기 위해 그가 속한 지역 사회로 나아간다. 이것이 하나님 나라의 확산이다.

현재 텍사스에 있는 우리 교회 성도들 중에 사업가, 변호사, 의사와 같은 사람들이 많이 있는데 이들은 교회 안에서 모두 사역을 감당하고 있다. 이들의 대부분은 불가지론자 아니면 무신론자들이었다. 첨단 산업이 중심인 이 지역에 사람들이 몰려들었는데 하나님께서 그들의 마음을 사로잡았다고 밖에는 설명할 길이 없다. 이들이 어느 정도 변화되고 있는가 하면, 이들은 교회를 세우기 위해 직장을 그만두고자 할 정도다. 내 가장 큰 문제 중 하나는 이들이 사역을 위해 그동안 받은 모든 전문적인 훈련을 버리고 사역지로 가는 대신, 의사는 의료계에, 변호사는 법조계에 남아 있도록 노력해야 할 정도가 되었다. 우리는 이들에게 직업을 그만두지 말고 오히려 그 직업을 이용할 것을 권고한다. 왜냐하면, 그들의 직업이야말로 그들이 그토록 사랑하는 사역지로 향하는 현장이기 때문이다. 이것이 바로 초대 교회의 살아 있는 본보기다.

문화의 바깥에서보다는 그 문화 안에 푹 잠겨 증거하면서 그 문화를 변화시키는 것이 훨씬 든든한 기반을 갖게 된다고 나는 성도들에게 끝없이 상기시킨다.

하나님의 나라와 연결된 교회

우리는 반드시 교회를 열방과 문화와 연결하여 생각해야 하며, 또한 하나님의 나라와 연결해 생각해야만 한다. 하나님께서 열방을 사랑하신다면(물론, 하나님은 열방을 사랑하신다), 우리가 하나님의 나라와 연결되기 위해서는 단지 주변의 눈에 보이는 것만을 사랑하는 정도에 만족해서는 안 된다. 하나님의 왕국보다 우리의 영토에 관심을 쏟게 되면 가장 큰 교회가 되는 것이 그 지역 사회를 교회화하는 것보다 더 중요하다고 믿게 된다. 지역 사회에서 가장 큰 교회를 만들자는 꿈을 가지고 성도들에게 도전할 수도 있다. (물론, 하나님은 교회가 성장하는 데 반대하시지는 않는다.) 그러나 많은 성도들이 진정으로 꿈꾸는 것은 외형적인 건물이 아니다.

우리 교회가 쇼핑센터로 옮겼을 때, 나는 체험을 통해 배웠다. 그 지역만을 위한 교회가 되고자 노력하면 한쪽으로만 치우쳐 일을 하는 것이다. 그러나 하나님의 나라를 위한 교회가 되고자 한다면,(지역 사회를 위하고, 궁극적으로 열방을 위해) 우리는 우리 자신을 넘어설 수 있다. 우리는 단지 지역 사회를 위해 교회를 세우지 않는다. 우리는 온 세상을 위해 지역 사회에 기반을 둔 교회를 세운다. 우리의 제한된 시각을 가지고, 단지 우리가 볼 수 있는 것만으로 자신을 제한한다면, 교회에게 도전을 줄 만한 것이 우리에게는 아무것도 없게 된다.

분명히 할 것이 하나 있다. 내가 말하는 것은 교회 성도 중에서 더 많은 선교사를 만들어내자는 것이 아니다(물론, 하나님께서는 더 많은 선교사를 보내는 것에 반대하시지 않겠지만). 그보다는 더 큰 것을 말하는 것이다. "만약 교회 자체가 선교사라면 어떨까?"라는 질문에 대해 최선의 답을 꿈꾸며 우리는 하나님 나라 중심의 사고방식을 발전하기 시작했다. 비현실적일까? 온 세상에서 선교사로 일하는 전체 교회의 모습을 한번 상상해보라. 이것이 바로 하나님 나라와 연결된 교회다.

하나님께서 단지 설교를 하게 하기 위해 사람을 부르는 것이 아니라, 설교자를 포함한 모든 사람들을 하나님의 나라로 불렀다는 것을 이해할 때, 비로소 교회는 방향을 제대로 잡은 것이다. 그리고 하나님의 나라 사역을 위해 사람들을 준비시키는 것은 단지 회심자를 만드는 것과는 매우 다르다는 것을 이해할 때, 비로소 교회는 제대로 방향을 잡은 것이다. 회심자들이 교회를 성장시킬 수는 있다. 그러나 세상을 변화시키고 하나님 나라라는 좀 더 큰 영역 안에서 사역하는 '제자'의 자질과는 큰 차이가 있다.

나는 주님의 지상 명령이 개인이 아닌 교회에 주어졌고 지금도 주어지고 있음을 믿는다. 소위 말하는 전문 선교사라는 특별한 사람들에게만 그것이 주어진 것은 더더구나 아니다. 인도의 선교사로서 18세기 말에 윌리엄 캐리는 오늘날 우리가 해야 할 일을 했다. 그는 전문 선교사로서 하나님의 소명을 실행했다. 그러나 하나님께서 원하시는 일은 교회 전체적으로 이 소명을 확장하고 회복하는 것임을 우리는 믿어야 한다. 1792년, 선교는 일대기(biography)에 초점을 맞추었다. 1900년대의 선교는 기관화되고 조직화되었다. 21세기의 선교는 하나님의 나라로 해석된다. 즉, 선교 사역은 누구에게나 주어졌으며, 그 어느 곳이든, 그리고 어떤 사회 기반 구조에서든지 이루어진다. 종교적인 전문 직업 선교사만이 아니라 누구든지 말이다!

그렇다면, 오직 교회만이 하나님의 나라를 전파하는 진정한 도구인가? 그렇지 않다. 단지 교회는 하나님의 나라를 지역적이고 실제적으로 보여주고 있을 뿐이다. 사실 교회는 하나님의 나라를 확장해서 보여주는 일에 있어 그동안 가장 제대로 활용되지 못한 도구였다. 더 많은 전문 선교사들을 보내 사회를 변화시키려 하는 대신, 이미 세상 속에 들어가 살고 있는 교회안의 일반 성도들을 활용하는 데 초점을 맞춰야만 한다.

전 세계와 연결된 교회

"… 예루살렘과 온 유대와 사마리아와 땅 끝까지 이르러 내 증인이 되리라"(사도행전 1:8)

많은 종교 단체가 생각하는 것과는 달리(또는 성경 뒤에 있는 대부분의 도표나 그림이 보여주는 것과는 달리) 예수께서 지상 명령을 주셨을 때, 주님은 이 지상 명령이 1단계, 2단계 식의 순차적인 것이라고 말씀하신 것이 아니다. 예루살렘에 간 후에 유대를 가고, 그리고 사마리아로 가서 마침내 땅 끝에 이르라는 것이 아니다. 이 모든 곳에 동시에 이르라는 말이다.

우리는 주님의 지상 명령에 대해 순차적이라고 잘못 이해하는데, 이것은 마치 노래와 같다. 박자는 쉼 없는 비트가 있어야 한다. 그래야 노래의 한 절이 다음 절을 이끌어내며 멜로디를 형성한다. 전 세계에 이르기 위해 지역 교회로서 할 수 있는 것을 다하면서, 동시에 한 가지 스타일만으로는 결코 그곳에 이르지 못한다는 것을 깨달아야 한다. 이러한 확신에 근거해서 우리는 세계의 다른 지역에 이르기 위해 교회들을 세우기 시작했다. 궁극적으로 전 세계의 미전도 종족에 이르기 위해 우리는 지역 사회에서 시작해 주(州)로, 그리고 전국으로 사역을 확장해 진행했다. 과학 기술과 통신 기술 역사상 모든 부문에서 동시에 사역을 진행하기에 이처럼 가능한 시대가 또 있었던가? 그러니 못 할 이유가 없지 않은가?!

동양과 서양이 만나다

불행하게도, 대부분의 교회들에게 선교란 앞서 언급했듯이 계속 멜로디로 연결되는 노래가 아니라 코다(Coda, 음악의 종결부-역자 주)인 경우가 많다. 이 단어는 이태리 말로 '꼬리'라는 뜻이다. 즉, 선교는 일 년에 한 번 정도(주로 가을에 친교실에서) 열리는, 우리의 일상생활과는 동떨어진, 우리와는 아무 상관없다고 여겨지는 다른 나라 사람들의 사진을 걸어놓은 부스를 여기저기 설치해놓는 식으로 진행하는 교회 시스템의 한 부속물처럼 되어버렸다. 그야말로, 사진 속의 그 사람들은 '그냥 거기에' 존재하는 사람들일 뿐이다.

테레사 수녀가 자신에 대해 이런 말을 한 적이 있다. "나는 혈통적으로 알바니안이다. 내 국적은 인도다. 그리고 나는 가톨릭 수녀다. 소명으로

> *실은, 동양과 서양은 이미 만났다. 현대의 모든 영역에서 그들은 서로 융합하고 있다. 교회만 빼고….*

본다면, 나는 세계인이다. 그리고 나의 심장은 온전히 주님의 마음에 속해 있다."[1] 전 세계와 연결된 교회의 사역은 모든 것을 변화시킨다. 선교 사역은 부속물로 행하는 어떤 것이 아니라 우리 존재의 핵심이다. (말이 난 김에 하는 얘기지만, 나는 선교(미션, mission)란 단어를 좋아하지 않는다. 이는 성경에 나오는 단어도 아니다. 이것은 우리가 스스로 생각하기에 좀 더 마치 무슨 사명을 띤 것처럼 보이기 위해 우리 마음대로 만들어낸 하나의 인습이다.)

하나님의 나라는 변화된 성도들 안에 있음을 잊지 말라. 이들은 주님의 빛이 항상 자신으로부터 흘러나올 수밖에 없는 소금의 삶을 사는 사람들이다. 우리가 제대로 방향을 잡기만 한다면 교회는 세워지고,

사람들은 제자가 되며, 성도 수는 증가할 것이다. 교회가 제대로 전 세계와 연결되어 세계적으로 교회 세우는 운동을 전개할 때, 우리는 무엇을 해야 할지, 또 우리가 무엇을 하고 있는지 알 수 있다. 전문 선교사의 업무는 외교관의 업무와 같다는 것을 이해하기 시작할 때, 우리는 서구 철학을 훌쩍 뛰어넘는 세계 시민이 된다는 것이 무엇인지 이해할 수 있게 된다.

세계 시민

내 아들이 뉴욕 대학에 지원할 때 쓴 다음의 글을 보면, 세계 시민의 뜻을 매우 실질적으로 정의했음을 알 수 있다.

> 나는 목사의 가정에서 자랐다. 비록 전형적인 목사의 가정은 아니었지만…. 아버지는 사람들과 세상을 돕기 위해 교회를 시작하셨다. 여기서 돕는다는 것은 개발도상국에서 학교나 고아원, 병원 등을 세우고 사업을 일으키는 일에 힘쓴다는 것을 의미한다. 그 결과, 나는 외국 고위인사, 교육자, 의사 또는 사업가들 속에서 자랐으며, "세계 시민으로서 우리는 세상을 더욱 살기 좋은 세상으로 만들어야만 한다"는 삶의 관점을 가지게 되었다. 불교 신자, 공산주의자, 이슬람교도, 중동인, 극동인, 근동인, 아프리카인, 무신론자, 힌두교도, 유대인 그리고 물론 기독교인이 모두 나의 네트워크의 일부다. 이는 일견 복잡해 보이지만 매우 효과적이다.

세계 시민으로서 우리는 자신을 새로운 네트워크 안에서 바라보기 시작한다. 이 새로운 네트워크에서 우리는 '선교 중심'이라는 빈약한 구호가 아닌, 실제 선교를 하며 하나님 나라에 초점을 맞춘다.

성도의 제사장직과 연결된 교회

　신학적으로 '성도의 제사장직'이란 말은 누구나 하나님의 보좌 앞으로 나아갈 수 있음을 말한다는 것이 전통적인 해석이다. 누가 대신해서 우리를 위해 중재할 필요 없이 아버지 하나님은 우리 믿는 각자에게 직접 말씀하실 수 있다(히브리서 7장-10장). 세계 시민이 된다는 맥락에서 보면, 의사든, 사무직원이든, 회사 중역이든 또는 비서든 간에 똑같이 열방에 복음을 전할 수 있다는 말이다. 이 세상에 변화를 가져와야 한다는 의무감을 우리는 누구나 내재적으로 가지고 있다. 마찬가지로 자신이 어떠한 변화도 일으키지 못하고 있을 때 역시 자연스럽게 그 사실을 느낄 수 있다.

　성도는 누구나 제사장직을 수행할 수 있다는 말은 1세기 초대 교회 이래 세상이 보아온 것과는 전혀 다른 새로운 선교의 장을 열었다. 이는 이제 선교기지를 두고 활동하는 선교사에 대한 것이 아니라, 상업 거래를 하며 믿음을 나누는 성도들에 대한 것이다. 성도의 제사장직에 대해 가르치며 어떤 사람들은 주로 이를 자기 마음대로 해석하고 들을 수 있는 권리로써 이용한다. 그러나 이 말이 의미하는 것은 그것을 훨씬 넘어선다. 즉, 다른 사람과 마찬가지로 하나님께서 나를 구체적으로 불러서 이 세상을 변화시키기 위해 사용하시려는 그 하나님의 음성을 들을 수 있는 능력을 의미한다.

나는 그리스도인이 되고 싶은데 바로 당신이 막고 있다구요

　하나님을 만나고자 우리 교회에 출석하는 푸카라는 이름의 한 젊은 힌두교 청년을 최근 우리 교회에서 도와 인도한 일이 있다. 내가 그를 처음 만난 것은 그가 웨이터로 일하는 식당에서 식사하고 있을 때였다. 나는 목사로서 그를 우리 교회에 초대하기는 했으나 그가 진짜 나타나리라고는 생각지 못했었다. 그가 주일날 교회에 모습을 나타냈을 때 내가 얼마나 놀랐던지! 그는 아마 교회라고는 처음 나왔을 것이며, 그의 반응을 관찰하는 것은 무척이나 흥미로웠다. 우리 가족은 그를 점심식사에 초대했다. 내 아들 벤이 그를 태워 약속한 식당으로 함께 왔는데, 오는 도중에 그가 내 아들에게 특유의 강한 악센트 섞인 목소리로 이렇게 선포했다. "나, 크리스천이 되고 싶어. 나는 원래 힌두교도이지만, 미국에서는 예수를 섬기지, 뭐." 내 아들은 나와 함께 세계를 여행해봤지만 이런 경우는 매우 황당한 경우라 푸카에게 "너, 우리 아버지하고 한번 얘기해보는 게 좋을 것 같아"라고 했다.

함께 점심을 먹은 후, 나는 푸카에게 교회와 믿음에 관심이 있는지 물어보았다. 푸카는 잠시 생각한 후에, 예수는 '미국에게 호의적인 좋은 신'이라며 자기는 예수를 존경한다고 말했다. 나는 그에게 세상에는 오직 하나의 신이 존재하며 그 이름은 예수라고 설명해주었다. 온갖 신들이 얹혀 있는 선반에 예수를 추가하는 식은 곤란하다고 그에게 말해주었다. 그러나 그는 조금도 주저 없이 웃으며 말했다. "저는 그럴 수 있어요."

나는 단 한 번의 만남으로 이 젊은 친구에게 유일신에 대해 설득할 수는 없다는 것을 알았다. 그래서 우리는 일단 그와 좋은 친구가 되기 위해 노력했다. 함께 운동도 하고, 때때로 우리 집에 초대해 따뜻하게 맞아주었다. 나는 전에 네팔을 방문한 적이 있었는데 푸카가 그 사진을 봤다. 그 후 푸카가 향수에 젖거나 외로울 때마다 우리는 그의 조국에 대해 얘기하며 시간을 보냈다. 얼마 지나지 않아, 교회의 다른 사람들도 푸카를 알게 되어 우리 가족이 그를 사랑한 것처럼 그를 사랑해주었다.

어느 주일 아침, 예배 중에 하나님께서 내게 설교 대신 기도회를 하라고 인도하셨다. 많은 사람이 강대상 근처에서 기도하고 있었는데,

누군가 바로 내 옆에서 무릎 꿇고 기도하는 것이 느껴졌다. 그는 온몸으로 끙끙대며 흐느끼고 있었다. 푸카였다. 나는 하나님께 푸카에게 친히 나타나셔서 언젠가는 그를 사용해 그의 민족에게 소망을 전달하는 자가 되게 해달라고 그와 함께 기도했다. 푸카는 고위층 집안의 자식으로서 이곳 미국에서 공부하는 중이었다. 바로 이 점이 우리는 상상조차 할 수 없는 그의 묘한 처지였다. 그가 다른 모든 신을 버리고 하나님만을 섬기기 위해서는 그 자신이 신이 아니라는 사실부터 인정해야만 했던 것이다.

푸카가 다시 자기 자리로 돌아가고 예배는 곧 끝났다. 언제나처럼 예배 후 많은 사람이 로비에서 북적이고 있었다. 무리 속에서 푸카가 나를 발견하고 내 눈을 똑바로 바라보며 모든 사람 앞에서 말했다. "나는 그리스도인이 되고 싶은데 바로 당신이 막고 있다구요!" 목사로서 이런 얘기를 듣는다는 것은 흔치 않은 일이 분명하다.

나는 푸카에게 "푸카, 나도 자네가 그리스도인이 되는 것을 도울 거야. 그러나 자네가 진정으로 그리스도인이 되길 원해야 할 뿐 아니라 오직 하나님만이 신이라는 것을 믿어야만 해. 단지 자네가 우리를 사랑한다고 해서 우리와 친구가 되기 위해 그러는 것을 나는 원치 않아. 자네가 그리스도인이든 아니든 우리는 자네를 사랑할 거야. 지금의 자네 위치에서 그리스도께 헌신한다는 것은 큰 희생을 의미한다구. 지금 자네가 하는 일이 무엇을 의미하는지 자네가 분명히 알았으면 해."

푸카가 내게 대답했다. "나는 성인이라구요. 나 스스로 결정할 수 있어요. 나는 크리스천이 되고 싶어요. 오직 예수님만이 유일하신 신이라는 것을 믿어요."

내가 무슨 말을 더 할 수 있겠는가? 푸카는 그날로 그리스도를 그의 삶에 영접했다. 그리고 하나님께서는 놀라운 방법으로 그를 사용하시기 시작했다. 그는 곧 다른 친구를 그리스도께 인도했는데 그 친구는 불가지론자(무신론자는 하나님의 존재를 부인하는 반면, 불가지론자는 하나님의 존재는 인정하지만 우리 인간이 하나님을 알 수 있는 방법은 없다고 주장한다-역자 주)로서 대도시에서 가장 유명한 DJ 중 한 명이었다. 그로부터 일주일 후, 이제는 그리스도 안에서 형제가 된 두 힌두교도와 불가지론자에게 침례를 줄 때, 다시 한 번 이런 멋진 생각이 떠올랐다. '오늘날 세계화를 위한 가능성은 교회 안에 있다. 그리고 성도 한 사람 한 사람이 바로 그 열쇠다'라는 생각을….

새로운 선교 개념

하나님께서 정말 교회 자체를 선교사로 부르셨다면 그 교회는 어떤 모습일까? 교회가 다시 제대로 자리매김을 한 그런 모습일 것이다. 즉, 열방과 연결되고, 문화와 연결되고, 그리고 하나님의 나라와 연결된 교회 말이다. 오늘날의 교회가 초대 교회처럼 문화의 정상부에 위치해 전체 기반 구조에 넓게 퍼지기 위해서는 교회가 선교사가 되도록 필요한 것을 갖추어야만 한다. 초대 교회의 성도들은 각 도시에 복음이 뿌리를 내리도록 하기 위해 교통로를 따라 여행하며 복음을 전파했다. 오늘날의 정보 교환이나 비즈니스 환경은 초대 교회가 경험한 것과 매우 유사한 구심점을 제공한다. 즉, 이러한 정보 교환과 비즈니스 환경을 통해 사람들은-아이비엠에서 일하든, 모빌 회사에서 일하든, 또는 의료계에 종사하든- 전 세계에 걸쳐 전례 없이 미전도 종족에게 쉽게 접근할 수 있게 되었다. 사실, 이런 일반 성도들을 동원해서 하는 사역이야말로 유일한 방법이다. 이 길이 비록 안락한 길은 아니지만, 전 세계가 그리스도에 대해 들을 수 있는 유일한 길이다.

교회가 세상에 연결되지 못하고 지지부진할 때 비즈니스맨들은 이들을 마냥 기다려주지 않는다. 이들은 이미 매일 집에서 컴퓨터를 통해 세상과 적극적으로 연결을 해오고 있지 않은가! 교회가 아직 이런 운동을 시작하지 않은 것은 슬픈 일이다. 국제 비즈니스, 여행, 그리고 통신 기술은 사람들로 하여금 활발하게 서로 접촉하게 함으로써 전 세계에 걸쳐 관계를 형성한다. 비록 아직 세계와의 대화를 시작하지 않았다 하더라도 이제라도 결코 늦지 않았다. 만일 교회가 복음을 가지고 이러한 전 세계적인 대화에 참여하는 것을 지체한다면, 이들 수많은 직업인들이(이들 중 많은 사람이 이미 믿는 자들이다) 장차 하나님의 나라를 확장하는 데 공헌하는 것을 위협하는 일이다.

개발도상국들이 그들 자신의 문화를 좀 더 효과적으로 이해하고, 그들의 이야기를 함께 나누는 능력을 배워감에 따라 서양의 역할은 계속 줄어들 것이다(우리가 그 민족 지도층의 요직을 가지고 있지 않은 한). 가부장적인 선교는 이제 끝이 났다(어떤 지역에서는 지지부진하지만 아직도 계속되고 있기는 하다). 단지 도움만을 받는 그런 열방이 아니라, 실제 사역을 하는 이들 열방에 의해 하나님의 나라는 기하급수적으로 확장된다. 회의실에 가득 모여서 세상과 연결되기 위한 필요를 논의하는 백인들의 전략 회의에 종종 참석하게 되는데 그럴 때마다 나는 여전히 귀가 솔깃해지는 나를 발견한다.

하지만 하나님께서는 모든 문화에 자신을 나타내 보이시기 위해 푸카와 같은 최신예 용사를 사회적 기반, 즉 민족과 인종을 망라한 토대 전반에 걸쳐 배치하고 계신다. 그렇다면 교회는 이들 신종 '선교사'들을 제대로 인식하고 그들과 함께 동역해야 하지 않겠는가!

영원과 연결된 교회

케빈 캘리는 '오랜 지금'(Long Now) 프로젝트[2] 연구원 중 한 명이다. 이 프로젝트는 많은 과학자와 사회학자들이 참여해 거대한 만년 시계를 세우는 프로젝트다(석기시대의 돌기둥을 생각하면 쉽다). 현재 그 모형이 영국 런던의 과학박물관에 전시되어 있다. 계절별 온도에 의해 동력이 공급되어 일 년에 한 번 째깍하고 움직이고, 백 년에 한 번 종을 치고, 천 년에 한 번 뻐꾸기가 나와서 운다. 이 프로젝트의 동기는 지나간 10,000년을 지난주와 같이, 장차 올 10,000년을 다음 주와 같이 여김으로써 시간과 책임감, 이 두 가지 사이의 협력 관계를 강조하기 위함이다. 만일 우리 세대가 인류의 마지막 세대라고 믿는다면, 우리는 이기적으로 우리만을 위해 모든 자원을 전부 사용해 없애 버릴 것이다. 이는 미래의 세대로부터 강도질하는 행위다.

미래의 교회

이 시계가 오늘날의 교회와 무슨 상관이 있단 말인가? 오늘날 우리가 교회 안에서 하는 일이 미래의 교회에 영향을 끼친다는 사실을 상기하지 않는다면 별 상관이 없을 것이다. 우리가 행동해야 할 때는 "바로 지금"일 뿐만 아니라, 우리가 현재 하고 있는 사역의 방향이 지금으로서는 상상도 안 되는 미래를 결정한다는 것을 깨닫는, 이 시계가 수는 의미를 깨닫는 교회가 되면 어떨까? 즉, 교회를 영원과 연결짓는다는 것은 잠시 일의 속도를 늦추고 미래의 세대를 위해 우리가 현재 하는 일을 곰곰이 생각해봐야 한다는 것을 말한다. 사회학자인 엘리스 보우딩(Elise Bowding)은 이런 말을 했다. "현재와 씨름하기에 항상 지쳐있다면, 미래를 상상할 기력도 남아있지 않게 된다."[3]

복음주의자로서 우리는 삶의 영원성이라는 관점에 친숙하다. 그러나 이와 동시에, 하고 싶은 일을 이루기에는 우리에게 시간이 너무 없다고 우리는 자신을 설득해왔다. 오늘날 교회는 오직 우왕좌왕 서두를 뿐이다. 이는 만년 시계의 교훈을 배우지 못하고 매사 급한 일에 휘둘리기 때문이다.

두려움인가 믿음인가

믿음이란 미래에 받을 상급을 깨닫고 우리의 시선을 자기 자신만으로부터 다른 사람에게 돌리는 장기적 관점이다. 이와는

> 영원성을 향해 허둥지둥 달려간 결과, 우리는 복음에 대한 책임성 면에서 근시가 되었으며, 하나님이 우리에게 주신 소명에 대해 급조된 관점을 가지게 되었다.

반대로 두려움은 단기적 관점이며, 지금은 전부 가지고 있지만 미래에는 아무것도 가진 것이 없게 되는 오직 자신과 현재 위주의 관점이다. 하루 저녁에 수백 명의 사람을 주님께 인도할 수도 있다. 그러나 정작 문제는, 그 새로운 성도들이 일상의 삶에서 주님의 제자로서 살아갈 수 있느냐 하는 것이다. 빨리 일어나는 것은 환상이다. 천천히 일어나는 것이 실제다. 긴 안목을 가진 사역이 환상을 꿰뚫을 수 있다. 에드워드 기븐스(Edward Gibbons)가 말했다. "변화란 천천히 이루어지고 잘 안 보일수록 더 중요하다."[4] 로사베츠 모스 캔터(Rosabeth Moss Kanter)는 이렇게 말했다. "전쟁, 불, 지진과 같은 안 좋은 일은 빠르게 일어난다. 그러나 공동체 형성과 같은 좋은 일은 서서히 일어난다."[5]

우리는 종종 많은 문제에 대해 믿음을 가지고 깊이 생각하지 않으며 책임감 있게 행동하지 않는다. 만일 우리가 깊이 생각하고 책임 있게 행동한다면 어떻게 될까? 우리가 영원한 시각을 가지고 이 세상의 모든 문화를 꿰뚫는다면, 하나님께서 우리에게 주신 소명을 완수할 충분한 시간을 갖게 될 것이다. 우리가 모두 전략가가 된다는 말이 아니라, 우리 모두 발로 뛰며 실제적으로 사역을 실천하는 자들이 될 것이다. 이러한 맥락에서 시간을 이해한다면 미래와 "어떻게 하나님의 나라를

건설할 것인가?"에 대한 우리의 반응은 완전히 달라질 것이다. 열방을 현저히 변화시키고 세상과 연결되기 위해, 우리의 유일한 소망은 교회를 모든 면에서 올바르게 이해하는 것, 그리고 우리가 끼칠 영향에 대한 좀 더 긴 안목을 가지는 일이다.

깊이 생각하고 논의할 문제들

1. "사역하는 것"과 "하나님의 나라를 삶에서 누리는 것"의 차이를 무엇이라고 보는가?
2. 당신의 직업 자체가 주요 사역이라고 본다면, 당신의 삶은 어떻게 달라질 것인가?
3. 단지 모여서 예배하는 차원을 넘어서서 당신의 교회는 그 지역 사회에 어떤 변화를 일으키고 있는가?
4. 앞으로 이천 년 동안 예수님이 재림하지 않는다고 믿는다면, 당신의 삶과 사역은 어떻게 달라질 것인가?

왜 우리는 근본적 변화가 아닌 양적 성장만 추구하고 있는가?

내가 현재 목회하는 교회는 주로 백인 중심으로서 외곽지역에 있다. 최근 파키스탄에서 온 이슬람 신자 가정과 동부 아프리카의 이슬람 신자, 베트남의 불교 신자, 한국의 불교 신자 및 한 때 신앙을 떠났던 서너 명의 침례교도들에게 침례를 주었다. 최근 한 달 동안에 일어난 일이다. 베트남 불교 신자였던 존이 예수를 영접하고 몇 주가 지난 후, 그는 아프가니스탄으로 향하는 비행기에 올랐다. 아프가니스탄 전쟁 중 미 공군 기지의 식당을 맡아 운영하기 위해 전근을 가게 된 것이다. 존이 이러한 임무를 맡기 전에 그의 영적인 삶의 궤적이 변한 것이 우연이라고 생각하는가? 단지 식당 운영만을 위해 그가 전근된 것은 아니라고 나는 믿는다. 그가 그리스도를 영접하는 순간, 그는 하나님의 왕국으로 영적인 임무를 부여받아 발령받은 것이며, 그리고 나서 식당 매니저로부터 이국땅의 21세기 선교사로 임무를 부여받은 것이다.

존이 침례를 받은 후 우리는 일종의 비공식적인 위임식을 했는데, 침례 당시 존이 이런 질문을 했다. "나는 불교도이지만 크리스천이 되기 원합니다. 이슬람 사람들에게 어떻게 주님을 증거할 수 있을까요?"

내가 그에게 어떻게 하라고 말해줄 수 있겠는가? 나는 간단하게 대답했다. "그냥 예수님께서 당신을 위해 무엇을 했는지 그들에게 전하십시오. 삶으로 보여주십시오. 그것이 당신이 할 수 있는 전부입니다."

존의 삶은 완전히, 다시는 되돌릴 수 없게 변화되었다. 오늘날 그에 대한 이야기가 아프가니스탄 전역에 걸쳐 이 사실을 증명하고 있다.

우리 교회의 다른 한 청년 폴은 불가지론자인 아버지 밑에서 자랐다. 마침내 크리스천이 된 그의 어머니는 우리 교회로 그를 가끔 데리고 오긴 했지만, 그는 아버지처럼 불가지론자가 되었다. 폴이 성인이 되었을 때, 그는 해병대에 지원하기로 결심했다. 그는 즉시 남부 캘리포니아에 있는 훈련소로 보내졌다. 몇 주 후, 그는 내게 이메일을 보내 그가 주님을 만났으며 우리 교회에서 침례를 받고 싶다고 알려왔다. 어떻게 훈련소가 그를 크리스천으로 만들었는지는 아직도 모르겠으나, 어쨌든 그는 크리스천이 되었다. 그래서 그는 어느 주말에 비행기를 타고 와서 침례를 받았다.

그 주일 날, 나는 땅 끝까지 복음을 전파하는 데 일익을 담당한 로마 병정의 역할에 대해 설교했다. 이는 폴이 곧 감당할 사역이기도 했다. 폴은 그의 침례 사진을 보이며 주님에 대한 그의 헌신을 공개적으로 선포했고, 우리는 바로 그날로 그를 이라크 선교사로 파송하는 위임식을 했다. 지금도 내가 그에게 한 말이 생각난다. "폴, 자네는 비록 미 대통령의 명령을 받들지만 이것을 결코 잊지 말게. 자네는 최우선적으로 왕 중 왕이신 주님의 명령을 받는다는 사실이네." 하나님은 젊은 해병대원을 변화시켜 그의 조국을 지키는 동시에 예수 그리스도의 복음을 외국에 전하게 하셨다.

복음주의에 대한 정밀 검사

이러한 얘기 외에도 수많은 다른 사례들을 통해 나는 확신한다. 우리의 문화가 변화되는 것을 보고자 하는 가장 큰 소망을 이루려면 우선 실제 복음 전도 사역에서 전해야 할 복음을 분명히 해야 한다. 내가 현재 목회하는 우리 교회는 상당히 현대적이며 혁신적이라고 할 수 있다. 어떤 사람들은 우리 교회가 별나다고 한다. 그러나 아무리 현대적이고 혁신적이라 하더라도 그리스도를 영접하는 것에 관한 한 나는 그 어느 타협도 거부한다. 나는 단지 성도들의 기분을 좋게 하기 위해 애쓰지 않는다. 성도들의 삶을 조금 더 편안하게 하기 위해 몇 조각 성경 말씀을 던져주지는 않는다. 복음은 궁극적으로 우리의 영원한 운명을 변화시킬 뿐 아니라, 바로 지금 이곳에서 우리를 영원히 변화시킨다는 것을 사람들이 이해할 수 있도록 나는 그들이 복음을 통째로 받아들이기를 원한다. 우리는 반드시 변화되어야 한다.

우리 집안은 도덕적인 집안으로 알려져 있다(최소한 도덕에 대한 관점 면에서는). 그러나 그것이 꼭 변화된 사람들로 알려졌다는 말은 아니다. 텍사스 동부 침례교 목사의 가정에서 자라난 우리는 담배도 안 피우고 술도 입에 댄 적이 없다. 집안 어른들은 늘 우리에게 "껌이나 질겅질겅 씹으면서 술 담배나 하는 그런 아이들과 함께 돌아다니지 마라."고 말씀하셨다. 아마도 세상에서 가장 고리타분한 사람이 되고 싶다면 그저 착한 침례교인이 되기만 하면 되지 않았을까 싶을 정도였다.

어떻게 그럴 수 있을까? 우리는 개인적인 완전한 변화(트랜스포메이션)에 대한 이해를 철저히 복음 전도에 대한 이해와 결부시킨다. 그러니 복음 전도에 대해 잘못 이해하면 우리가 하는 노력의 결과인 트랜스포메이션도 잘못 이해하게 된다. 오늘날의 교회는 기독교 운영에는 극단적으로 잘 숙달되어 있다. 그러나 나는 우리가 제대로 복음 전도를 이해한다고 믿지 않는다. 이 모든 개념은 우리의 '중심'에서부터 시작한다는 사실을 우리는 이해하지 못하고 있다.

그들은 어떻게 이 일을 해낼 수 있었을까?

초대 교회는 어떻게 그토록 빠르게 성장할 수 있었을까? 학위를 받은 목사도, 재력도, 건물도 없었는데 말이다. 오늘날 우리가 가지고 있는 것이 하나라도 그들에게 있었던가? 심지어 그들은 논쟁을 벌일 제대로 인쇄된 성경조차 없었다. 그들 대부분이 읽고 쓸 줄 모른다는 사실을 생각하면, 도대체 그들은 어떻게 그토록 빠른 성장을 했단 말인가?

그들 대부분은 입에서 입을 통해 배웠다. 그들은 전해들은 것을 믿었다. 믿음으로써 완전히 변화되었고, 변화된 그들을 본 다른 사람들도 "어, 이거 정말이네!"라고 감탄하며 자신들도 그들처럼 변화되기를 원했다. 이것이 바로 승리를 위한 전략이 아니고 무엇이겠는가! 일단의 설교자가 멋진 계획을 세웠기에 이 일이 이루어진 것이 아니었다. 이것은 복음 전도자가 사람들에게 삶을 통해 보이도록 그들을 인도했기에 이루어진 일이며, 그 결과 모든 것이 변했다.

바로 이 방법을 통해 그 가난하고 무지한 사람들은 수 세기 동안, 그리고 지금까지도 기독교를 따른 것이다. 그들은 비록 조직신학이나 현대 사역관리 기술은 이해할 수 없었지만, 대부분의 부조리나 고난 등의 문제에 대해서는 그 누구보다도 훨씬 더 잘 이해하고 있었다. 예수님은 그들과 일체감을 가지고 함께 살며 그들과 같은 삶('노숙자 하나님'이 어떨까?)을 사셨기에 사람들의 마음을 사로잡았다. 그들은 자기들과 함께하는 이런 하나님이기에 이해할 수 있었다. 그리하여 더 이상 남의 밑에 예속될 필요도 없고, 선행이나 순교를 통해서가 아니라, 오직 주님의 은혜를 통해 그 많은 사람들은 주님께 나아왔으며 지금도 그 일은 계속되고 있다.

그러나 오늘날, 심지어 제3세계의 가난한 사람들조차 점차 교육을 많이 받게 되었다. 지식과 정보에 쉽게 접근할 수 있는 어린이들이 매일 태어나고 있다. 이미 세계 대부분의 주요 도시에서는 가난한 어린이조차도 150년 전 왕의 자문 역할을 하던 사람보다 훨씬 더 많은 일반 지식을 가지게 되지 않았는가! 이들은 대중에 이끌려 그저 복음을 받아들이기보다는 오히려 교회를 향해 질문을 던진다. 이 질문들은 오랜 세월 교회가 애써 외면하고 나름대로 합리화하며 회피하던 그런 질문들이다. 교회가 이런 질문들을 교묘히 빠져 달아날 수 있는 시대는 지났다. 우리는 단지 교인 수나 늘리는 데 급급하여 이런 질문들을 무시해서는 안 된다. 소위 말하는 회심자들을 더 많이 얻기 위해 이런 질문이나 반박을 슬쩍 돌아가서는 안 된다.

하나님이 계시는지 어떻게 알 수 있는가?

기독교 문화가 아닌 곳에서 하나님에 대한 대화를 계속 이어나가기 위해서는 반드시 하나님의 존재, 성경 말씀의 계시, 성경, 예수의 속성에 대한 것부터 시작해야 한다. 제발 "모든 길은 로마로 통한다"는 식의 상투적인 선교 문구나, "어떻게 크리스천이 되는가?"에 관한 성경 말씀을 단순히 죽 나열하는 식으로 대화를 시작하지 말라. 이러한 접근 방식은 성경 말씀에 대한 지식이 있거나 알고 있다는 전제하에 가능하다. 실제 상황은 이런 것이 아님을 알아야 한다.

주일 아침 설교에서 나는 하나님의 실재에 대해 자주 얘기하려 한다. 나는 이런 질문을 던질 것이다. "하나님이 계시는지 어떻게 알 수 있는가?" 그러면서 회중

> *정보 혁명의 결과로, 이제 우리가 세상을 지역적이면서도 동시에 세계적으로 변화시키고자 한다면, 역사적 변증론이 아닌 철학적 변증론이 선교의 주축이 될 것이다.*

들이 창조의 신비를 점차 깊이 이해할 수 있도록 아주 기초적이고 단순한 단계를 제공한다. 신학이든 설명이든 정말 잘 만들어진 것은 기초적이고 단순하다. 예수께서 복음을 주신 대상은 일반 대중이지 결코 설교자나 목회자 또는 신학자가 아님을 잊지 말아야 한다. 우리는 보

통 사람이 이해할 수 있는 언어로 설명할 수 있어야만 한다.

단순히 "나는 하나님이 계심을 알아요. 내 마음으로 느낄 수 있거든요"라고 말하는 것, 그 이상으로 사람들이 하나님 알기를 나는 원한다. 그런 식의 설명은 오늘날 통하지 않는다. 복음을 소개하고 하나님의 존재를 설명하는 데 매우 지혜롭게 해야 한다고 나는 확신한다. 또한, 우리가 선교를 위해 노력하는 것에 대해 사람들이 어떻게 반응하는지에 대해서도 꼭 재점검을 해야만 한다고 확신한다.

회심에 대한 재점검

과거 복음 전도에 대한 내 전형적인 입장은 문을 활짝 열고 누구든지 들어오라는 식이었다. 이제는 그 문을 닫을 필요가 있다고 생각한다. 조나단 에드워즈, 길버트 테넌트나 존 웨슬리 같은 부흥 설교자들은 오늘날 교회의 초청이 어떤 식으로 이루어지는지 도무지 이해할 수 없을 것이다. 자, 한번 머릿속에 다음과 같은 상황을 그려보자. 어디선가 난데없이 한 사람이 교회로 걸어 들어온다. 설교를 듣고는 중앙 복도로 걸어 나와 기도한다. 상황 끝. 그는 회심했다. 30초 만에 기막히게 좋은 거래를 한 것이다. 앞에 말한 부흥 설교자들이 이런 것을 본다면 당황하고 좌절할 것이 분명하다.

오늘날 우리가 말하는 회심은 분명 무엇인가 빠져 있다. 웨슬리, 휫필드, 에드워즈 같은 사람에게는 회심이란 단지 몇 마디 기도나 하는 그런 것이 아니었다. 그들이 전한 복음은 "자기 계발"이나 위한 복음이 아니었다. 그들이 전한 복음은 말 그대로 온통 휩쓸고 지나가는 혁명적 변화의 메시지였다. 조나단 에드워즈는 20대 초반에야 주님을 영접하고 단순한 회심이 아니라 완전히 변화되었다. 아마 오늘날 같으면 아직 주님을 영접하지도 않은 13살 아이에게 침례를 주거나, 또는 단지 교회에서 오랫동안 그 사람을 알아왔다는 이유만으로 침례를 주기도 한다. 회심은 그 본래의 의미를 잃어버렸다. 회심하지만(단지 종교를 바꿈으로써) 여전히 똑같은 사람으로 남을 가능성이 있다는 말이다.

중요한 결정

산업화 시대를 겪으면서 복음을 세상에 전하는 데 한 가지 도전거리는, '성령'이 아닌 '사람'들이 이 일을 진행한다는 것이다. 존 웨슬리, 찰스 스펄전 등의 글을 보면 그들은 결코 오늘날의 우리들처럼 사람들을 급하게 재촉하지 않았다는 것을 알 수 있다. 그 당시 사람들은 심각하게 씨름하고 기도했다. 때로는 며칠씩 걸리기도 했다. 그러나 일단 그들이 결정을 내리고 나면 그것은 지속되었다. 복음 전도란 단지 회개 기도를 시키는 이벤트가 아니라는 진리를 명심해야만 한다. 회심은 오직 성령을 통해서만 오는 영적 각성과 이해의 과정이다. 단지 교회의 기업적인 측면을 강조해 생산성을 높이기 위해서 이 과정을 서둘러 해치우거나 자기 합리화한다면, 통계상의 숫자는 얻을지 모르지만 정작 중요한 영혼을 잃게 된다.

> 우리 노우스우드 교회에서 최고의 회심자는 불가지론자와 무신론자다.

나는 과연 달라졌는가?

나는 자주 세계를 돌며 젊은 목회자나 대학생들에게 강연을 한다. 크리스천이든 아니든 이들로부터 흔히 듣는 질문이 있는데, 다른 종교에 대해 어떻게 생각하느냐는 것이다. 기독 서점에 가면 다른 종교와의 차이점을 자세하게 다룬 책들로 가득하다. 그러나 복음 전도와 오늘날의 세상에서 정작 중요한 이슈는 "기독교는 어떻게 다른가?"하는 것이 아니라 "기독교를 통해 나는 어떻게 달라졌는가?"하는 문제다.

전 세계로부터 온 교환 학생들이 매주 우리 교회에 나오는데, 이들은 이슬람교도, 불교 신자, 힌두교 신자, 정령주의자 또는 무신론자 등 실로 다양하다. 나는 우리 교인들에게 일 년 동안 이 학생들을 받아들여 함께 그들의 가정에서 지낼 것을 권유한다. 이는 크리스천이 된다는 것은 단지 좋은 사람이 되는 것 그 이상임을 이 학생들에게 보여주는 한 가지 방법이다. 이를 통해 이 학생들이 크리스천의 믿음을 구석구석 보고 그 믿음이 일상생활에서 어떤 변화를 일으키는지 볼 수 있기를 바란다. 또한, 주일마다 청년 모임에서 이들에 대해 전혀 예기치 못한 재미있는 얘기들을 듣게 되는 뜻밖의 즐거움도 있지 않은가!

모임에서 이 학생들이 자신들의 사상을 얘기하는 것을 듣고 어떤 부모들은 화를 내기도 한다. 그러나 교회에서 이런 젊은이들과 여러 다양한 얘기를 나눌 수 있다는 것은 얼마나 멋진 기회인가! 당신 자녀가 집을 떠나 교회와는 전혀 동떨어진 분위기에서 이런 문제들을 맞닥뜨리는 것보다 이처럼 청년 모임에서 이런 이슈들을 다루는 방법을 배운다고 생각하면 밑지지 않은가? 우리는 자녀들이 어떤 다른 사상이나 사람들에 노출되는 것을 두려워한다. 때로는 오늘날의 교회 역시 그 접근 방식에서 마치 중세의 수도원 같은 모습을 하고 있다.

목사 집의 불상

우리 집에 일 년 동안 묵기로 한 교환 학생이 우리 집에 오는 날, 마침 나는 국제 강연 때문에 집에 없었다. 아내(니키)와 아이들(벤과 질)이 공항으로 마중 나가 티(Ti)를 데리고 왔다. 대부분의 국제 교환 학생들이 그렇듯 티는 매우 공손하고 성실한 젊은이였다. 티가 고관(minister)의 집에서 함께 지내게 되었다고 그의 가족들은 좋아서 어쩔 줄 몰라 했다고 한다. 그들 문화권에서는 미니스터(minister)라고 하면 정부 고관을 의미하니까 말이다. 그러나 나중에 고관이 아니라 목사(pastor)라는 것을 알게 되자 그들은 도대체 목사라는 사람의 가정은 어떤지 알아보려고 세븐스 헤븐(Seventh Heaven: 목사 가정을 배경으로 한 미국의 TV 드라마-역자 주)을 유심히 보기 시작했다고 한다(얼마나 놀랐을까!).

티는 도착하자마자 우리를 위해 가져온 선물을 꺼내기 시작했다. 그가 고국에서 사온 잘 포장된 선물이었다. 그가 자랑스럽게 꺼낸 것은 네 개의 조그마한 불상이었다. 우리 식구 수대로 준비해온 것이다. 아내는 티의 기분이 상하지 않도록 그의 배려에 감사한다고 말했다.

그날 저녁, 아내는 내게 전화를 걸어 무슨 일이 있었는지 말했다. "밥, 그 불상들을 어떻게 해야 할지 몰라 일단 계단에 두었어요." 실로 난감했다. 목사 집에 이국의 신이라니! 그것도 버젓이 집안 계단에 진열을? 나는 지구 곳곳을 여행했지만 신(神)을 산 적은 결코 없었다. 아무튼, 그 네 개의 불상은 서서히 은밀한 곳으로 치워졌다. 거기까지만 말하겠다.

힌두교 신자가 크리스천이 되기 위해서는 그의 신들을 버리고 오직 하나님만을 믿어야 한다는 사실에 대해서 우리는 쉽게 이해를 한다. 그러나 우리 미국인들은 대부분 유일신을 믿는다고 하지만 여전히 많은 다른 신들을 가지고 있는 것이 사실이다. 단지 시바(Shiva, 파괴의 신-역자 주)나 그 밑에 있는 온갖 신들이 아닐 뿐이다. 우리가 이 신들을 몰아내고 온전히 주님께 주권을 맡길 때 우리는 죄를 용서받고 진정한 삶을 회복하게 된다. 우리의 죄를 회개하는 결단을 할 때 주님은 우리 삶의 주권자가 되신다. 이것이 바로 회심이다.

우리는 오직 한 신을 섬긴다. 그것이 우리가 누구인지를 결정한다. 무엇이 우리를 다른 이들과 구별되게 하는가? 무엇이 우리를 다른 이들과 구별되도록 해야만 하는가? 우리가 다른 이들과 다르지 않다면, 그러면 우리는 뭐란 말인가?

내부로부터의 변화

종교적인 사람의 대부분은 착하고 따뜻한 마음을 가지고 있다. 그러나 겉으로 아무리 진실해 보인다 할지라도 그들의 내부는 진리와는 거리가 멀다. 진리이신 그리스도가 우리 안에 계신다면, 단지 진실해 보인다는 것 이상의 질적으로 다른 무엇인가 있어야 하는 것 아닐까? 내가 단지 착한 목사였다면, 티(Ti)가 가지고 온 불상의 경우, 그에게 그것들을 치워버리라고 하고는 무엇이 진리고 무엇이 잘못된 것인지 알려주는 전도 책자를 그에게 건네줬을 것이다. 우리는 어떤 사람이 변화될 필요가 있다고 느끼면 종종 종교 지도자들처럼 행세하며 바깥에서부터 그 문제를 다루려 한다. 우리는 변화시켜야 할 행실을 잡아내는 데는 매우 익숙하다. 또한, 알아야 할 특정 정보를 알아내는 데도 매우 익숙하다. 우리는 어떤 사람의 변화를 강요할 때 바깥에서부터 시작하며 뭔가 신비한 방법으로 그 내부에 도달하기를 바란다.

그러나 오늘날 교회가 양산해내는 제자들의 질을 점검해보면 이런 식으로는 안 된다는 것을 알 수 있다. 왜? 하나님께서 역사하시는 방법과는 정반대기 때문이다. 하나님은 내부에서 외부로 역사하신다. 오직 내부에서 변화가 일어났을 때 우리는 진정으로 변화된다. 진정 역사하는 그런 교회가 되기 원한다면, 이처럼 안으로부터 밖으로 완전히 변화된 사람들이 있어야만 한다. 예수께서도 천국이란 먼저 내부에서 시작하여 외부로 나간다고 가르치셨다. 누가복음 17장 21절을 보면 주님께서 천국은 우리 안에 있다고 말씀하셨다. 참으로 심오한 말씀이다. 우리 안에 하나님이 계신다면 어떻게 변화되지 않을 수 있단 말인가? 그럴 수 없는 일이다. 하나님께서 우리 안에 계신다면 분명 하나님은 우리를 변화시키신다. 만약 우리가 변화되지 않는다면, 애초에 하나님께서 우리 안에 계시는지 자신에게 질문해볼 일이다.

회심에서 변화로[트랜스포메이션으로]-우리가 잘못 알고 있는 것들

나는 회심(conversion)이란 단어를 별로 좋아하지 않는다. 이 말은 이제 더 이상 본래의 의미를 가지고 있지 않다. 오늘날 '회심' 이란 이 종교에서 저 종교로 바꾸는 '개종' 정도를 의미한다. 실제 삶의 방식보다는 믿는 방식을 의미한다. 크리스천이 마땅히 가져야 할 영향력을 설명할 때, 나는 회심보다는 전적인 변화(transformation)라는 단어를 선호한다. 우리가 살아가고 행동하는 방식에서 온전히 그리스도의 모습으로 변화되지 않는다면, 기독교는 깨달음과 자기 계발을 약속하는 이 세상의 다른 종교와 하나도 다를 바가 없다.

> 우리가 다른 사람과 구별되는 유일한 이유는 회심에서 전적인 변화로 전환했기 때문이다.

나는 지금 완전히 다른 삶의 방식에 대해 얘기하는 것이다. 그러면 도대체 어떤 삶을 말하는 것인가? 예수께서 산에서 설교하실 때 이에 대해 말씀하셨다. 이는 기존의 학습 방식으로 배울 수 있는 것이 아니므로 결코 쉬운 일은 아니다.

> "그러므로 형제들아 내가 하나님의 모든 자비하심으로 너희를 권하노니 너희 몸을 하나님이 기뻐하시는 거룩한 산 제물로 드리라 이는 너희의 드릴 영적 예배니라 너희는 이 세대를 본받지 말고 오직 마음을 새롭게 함으로 변화를 받아 하나님의 선하시고 기뻐하시고 온전하신 뜻이 무엇인지 분별하도록 하라 내게 주신 은혜로 말미암아 너희 중 각 사람에게 말하노니 마땅히 생각할 그 이상의 생각을 품지 말고 오직 하나님께서 각 사람에게 나눠 주신 믿음의 분량대로 지혜롭게 생각하라"(로마서 12:1-3)

트랜스포메이션의 과정은 우선 올바른 회심으로부터 시작된다. 회심한다는 것은 전환한다는 말이다. 아래에 우리가 회심에 대해 흔히 잘못 알고 있는 몇 가지를 적어보았다.

우선, 우리는 회심이란 나를 '좀 더 나은 나로 개선한다'라고 잘못 알고 있다. 하지만, 성경을 보면 우리는 하나님으로부터 떨어져 나간 길 잃은 존재들이며 타락한 존재라고 말씀한다. 회심이란 길 잃은 자를 붙잡아다가 그의 나쁜 버릇을 고치는 그런 것이 결코 아니다.

또 하나 우리가 잘못 알고 있는 것은 회심이란 '회개 기도를 하는 것'을 의미한다고 아는 것이다. 회심이란 단지 입술로 회개의 기도를 하는 것 이상의 의미가 있다. 회개 기도를 하지만 회심하지 않을 수 있다. 요한일서 2장 3절 말씀을 보면 "우리가 그의 계명을 지키면 이로써 우리가 저를 아는 줄로 알 것이요"라고 말씀한다. 즉, 우리가 어떤 삶의 방식으로 살고 있는지를 보면 잘 알 수 있다.

'회심은 그 영성을 나타낸다'는 것도 우리가 흔히 잘못 알고 있는 것이다. 결코 그렇지 않다. 회심은 단지 시작일 뿐이다. 단지 침례 숫자, 출석 성도나 등록 교인 수로 자신을 평가하는 교회는 무엇을 생산해내는가 하는 것보다는 얼마나 빨리 생산해내는지를 강조한다. 교파마다 회심자의 숫자를 보고서에 나열하며, 그 숫자에 고무되어 교회 건축을 추진한다. 그러나 최근 20년 동안 파산한 교회가 왜 여전히 그렇게 많은가? 회심은 영성의 끝이 결코 아님을 알아야 한다. 당신이 자주 거론하는 숫자는 무엇에 대한 숫자인가?

많은 교회들이 무의식중에 '회심이란 교회에 출석해 순종이라는 이름 아래 그저 남이 시키는 대로 하는 것'이라는 생각을 집어넣는다. 이러한 종교적 행위는 하나님과 가깝게 하는 것이 아니라 오히려 하나님으로부터 멀어지게 한다. 교회에서 나누어주는 여러 증명서나 강좌들은 유익이 될 수도 있다. 그러나 하나님과의 관계 대신 과정 자체에 초점을 맞춘다면 우리는 능력을 상실하게 된다. 시키는 대로만 하는, 좀 더 똑똑하고 많은 정보를 가진 회심자를 얻을 수 있을지는 모르지만 과연 그것이 이들을 변화시킬까?

내게는 일본계 미국인 은사주의 친구가 한 명 있다. 나는 침례교 배경에서 자랐지만 그 친구나 나나 뭐 그리 교파에 연연하며 충성하는 스타일은 아니다. 한번은 그가 내게 교회와 헌금에 대해 농담을 했다. "자네가 속한 침례교는 헌금을 더 많이 거두기 위해 사람들 안에 있는 죄의식을 이용하지. 우리 은사주의는 사람들 안에 있는 탐욕을 이용한다네. 사람들의 탐욕을 이용하는 것이 죄의식을 이용하는 것보다 훨씬 수지가 맞거든!" 그의 말이 맞다. 알다시피 헌금이란 사랑과 순종으로 해야 한다. 그러나 그런 식으로 운영해서 실패할 경우, 우리가 생각하기에 잘 될 것 같은 다른 방법에 의지한다. 이러한 술책들은 결국 우리가 정작 하고자 하는 바를 손상시키는 결과를 가져온다.

어떤 이들은 세상적인 것과 영적인 것 두 가지로 양분하여 모두 허용하며, 회심이란 좋은 것이지만 그것이 전부는 아니라고 한다. 그러나 예수께서는 믿는 자의 삶에는 세상적인 것과 영적인 것의 구별이 없다고 말씀하신다. 이 둘이 하나라는 말이다. 전에는 이 말을 이해하는 사람들이 많았는데 불행히도 이제는 많은 사람들이 이 말씀을 이해하지 못하고 있다. 오늘날 이슬람교가 많은 이들의 주의를 끌고 있는데, 그 이유는 이슬람교는 이 둘을 구분하지 않기 때문이다. 이슬람교에서 말하는 영적인 삶은 그들에게 있어 일상이며 실제다. 그리고 그것이 정치적으로나 실제적으로나 모든 것을 움직인다. 이러한 이슬람의 사고방식은 서양 사람들에게는 두려움의 대상이다. 기독교도 마찬가지다. 믿는 자들이 이런 식으로 세속적으로 흘러가는 것은 지극히 경계해야 할 일이다. 왜냐하면, 이들은 자신의 목적을 이루기 위해 온갖 정치적인 계략과 세상 방법을 동원하기 때문이다.

마지막으로, 회심을 하면 모든 재앙으로부터 안전하다고 믿는 것이다. 틀린 생각이다. 물론, 회심에 따른 유익은 있지만 이런 것이 동기가 되어서는 안 된다.

제자도(Discipleship)에 대한 새로운 접근 방식

이제는 복음을 제시하는 방법이나 복음 전도에 대한 사람들의 반응에 대해 다시 한 번 생각을 해야 할 뿐만 아니라 제자도에 대한 완전히 새로운 접근 방식을 고안해야만 한다. 복음 전도와 제자도, 이 두 가지는 전적인 변화를 위한 과정으로서 불가분의 관계를 가지고 있다. '그리스도의 사랑'이 우리를 강권적으로 변화시킨다. 즉, 주님과의 올바른 관계가 정립되어 있다면 우리는 변하게 된다. 이것이 제자도의 핵심인데, 우리는 그동안 너무 정보 위주로 복음을 전하는 바람에 오히려 복음 전도 사역을 악화시켰다. 복음 선노에 대해 새로운 정의를 정립해야만 한다. 우리가 얻고자 하는 것은 사람들의 마음이지 그들의 행실이나 개선하려는 것이 아니다. 그리고 진정한 제자도란 무엇인지에 대해서도 분명한 재정립을 해야만 한다.

당신이 알고 있다는 것, 그것이 중요한 것은 아니다

모든 것이 안정되고 획일적이던 과거에 기존의 제자도에 대한 정의가 제대로 그 기능을 수행했는지 나는 잘 모르겠다. 그러나 분명한 것은, 제자도에 대한 새로운 정의와 그에 대한 정확한 이해, 그리고 그것이 어떻게 역사하는지에 대한 새로운 이해가 없으면 우리는 미래에 살아남을 수 없다는 것이다. 오늘날 서구에서는 무기력하고 의기소침한 크리스천을 생산해낼 뿐 아니라, 온 세상은 고사하고 그 교회가 속해 있는 지역 사회조차 변화시킬 소망이 없다. 지역 사회나 전 세계에 연결되기 위해서는 이제껏 우리가 양성한 제자와는 완전히 다른 종류의 제자가 필요하다.

기독교를 실천하는 것이 가르치는 것보다 더 큰 의미를 가지게 되고 중요하게 될 때 우리는 변화될 수 있다. 변화의 측정기준은 '얼마나 많이 아느냐' 하는 것이 아니라 '어떻게 사느냐' 하는 것이다. 예배에서부터 기타 여러 모임, 어린이 사역, 청장년 사역에 이르기까지 대부분의 교회가 주로 가르치는 데 역점을 둔다. 교회에서 행해지는 대부분의 제자도에 대한 역점은 책이나 성경 암송 또는 성경 공부와 같은 정보 위주다. 그러나 이런 편중된 노력으로 문화와 세상을 변화시킬 수 있다고 생각하면 오산이다. 이런 노력으로 얻을 수 있는 것은 세상을 안에서부터 밖으로 변화시키는 사람이 아니라 모든 과정을 하나하나 이수하며 지식만 늘어난 사람일 뿐이다.

나는 나 자신을 뛰어넘는 그런 사람이 되기를 원한다. 당신은 어떤가? 변화에 대한 비법을 알고 있는 사람을 찾기 위해 인기 있는 성경 교사의 뒤나 쫓아다니며 마치 탁구공처럼 이 강좌에서 저 강좌로 옮겨 다닌다는 것은 당신에게 좌절만 주지 않는가? 많은 사람들이 인기와 유행을 좇아 다닌다. 그 이유는 모든 분주한 활동을 멈추고 조용한 가운데 충분히 주님을 바라보지 않기 때문이다. 기독교란 철저한 변화의 종교다. 그런데 도대체 변화될 수 없어 보인다. 왜? 단순한 회심자에서 제자로 넘어가지 않기 때문이다. 다시 말하거니와, 이제껏 우리가 생산하듯이 만들어낸 제자와는 완전히 다른 종류의 제자를 만들어내는 것, 이것이 오늘날 가장 큰 도전거리다.

회심자는 교회를 성장시킨다. 그러나 제자는 세상을 변화시킨다.

정보에서 변화로

제자도에 대한 중요한 역점은 정보information에서 변화transformation로 옮겨져야만 한다. 정보를 다운로드 받는 것은 쉬운 일이다. 그러나 삶이 변화되기 위해서는 엄청난 정보가 필요한 것이 아니다. 당신이 이미 알고 있는 것을 부단히 실천하는 것만이 필요하다. 대부분의 크리스천들은 이미 충분히 믿고 있다. 그러나 실천을 하지 않는다. 옳은 것을 믿는다면서 왜 여전히 내 삶은 달라지지 않을까? 왜냐하면, 하나님께서 역사하시는 방법을 모르기 때문이다.

정보를 많이 가지고 있다고 해서 삶을 제대로 살 수 있는 것이 아니라 부단한 실천을 통해 제대로 된 삶을 살 수 있다. '가르침'과 '실천'은 하나로 통합되어야만 한다. 우리 교회에서는 예배에서 가르친 내용들을 소그룹 모임이나 개인 예배와 일치시킴으로써 이 두 가지를 통합하려고 노력한다. 예를 들면, 예수님의 산상수훈에 관해 예배 중에 들었다면 이를 소그룹이나 개인 차원의 삶에 적용하는 데 역점을 두는 식이다.

깊은 깨달음의 순간

진리를 실제 삶에 적용할 때, '나는 이미 잘 알고 있다'고 생각하는 것을 방지할 수 있다. 단순히 정보를 가지고 있는 것이 아니라 실제 삶에 적용함으로써 능력 있는 삶이 되기 때문이다. 머릿속으로만 알고 있던 것을 실제로 삶에 적용하면 우리 안에서 깊은 깨달음을 얻을 수 있다. 실제 적용을 통해서 우리는 물질주의나 실용주의 또는 자기 중심주의가 우리를 통제하는 것을 거부할 수 있다. 우리는 오직 성령의 통제를 받아야 한다. 요한복음 14장부터 16장 말씀을 보면 성령은 우리를 책망하고, 인도하고, 위로하며 또한 힘을 주신다. 성령은 우리가 회심하는 순간부터 함께하셔서 그 이후 줄곧 함께하신다. "우리를 구원하시되 우리의 행한바 의로운 행위로 말미암지 아니하고 오직 그의 긍휼하심을 좇아 중생의 씻음과 성령의 새롭게 하심으로 하셨나니"(디도서 3:5).

진정으로 변화되기 원하는 자에게 성령은 선택사항이 아니다. 특히 오늘날의 문화에서, 성령 없이는 진정한 영적 변화가 불가능하다. 도대체 어떻게 원수를 사랑하고, 나를 저주하는 자를 축복하며, 다른 뺨을 돌려대고, 나의 소유를 가난한 자에게 거저 줄 수 있단 말인가? 우리에게 예수의 영이 없으면서 어떻게 예수님처럼 살 수 있단 말인가? 얼마 동안 노력할 수는 있을지 모르나 매우 힘들 것이다. 우리는 주님이 필요하다. 다른 방법은 없다.

마태복음 16장 16절에서 19절 말씀을 보면 베드로가 주님께 대답한다. "주는 그리스도시요 살아 계신 하나님의 아들이시니이다" 예수님이 대답한다. "바요나 시몬아 네가 복이 있도다 이를 네게 알게 한 이는 혈육이 아니요 하늘에 계신 내 아버지시니라 또 내가 네게 이르노니 너는 베드로라 내가 이 반석 위에 내 교회를 세우리니 음부의 권세가 이기지 못하리라 내가 천국 열쇠를 네게 주리니 네가 땅에서 무엇이든지 매면 하늘에서도 매일 것이요 네가 땅에서 무엇이든지 풀면 하늘에서도 풀리라." 도저히 믿기지 않는 말 아닌가! 우리는 하나님 나라의 열쇠를 받았음에도 아직도 초보 단계에 머무르면서 단지 기능적으로 유능한 크리스천이 되기 위해 몸부림을 친다.

우리가 예수님으로부터 기대하는 것은 무엇인가?

총체적 변화가 아닌 단순한 회심에서 만족한다면, 그것은 우리가 예수님으로부터 많은 것을 기대하지 않기 때문이다. 우리는 구원과 우리를 행복하게 해줄 약간의 신나는 정보를 원하는 것이지 우리 중심을 주님께 드려 주님과 연합함으로써 주님께서 우리를 통해 역사하시고자 하는 것을 원하는 것이 아니다. 이것에 대한 대가는 너무나 크다. 주님을 알고 따른다는 것은 댈러스 윌러드가 깊이 통찰하여 지칭한 소위 '죄에 대한 관리' 차원이 아니다. 대부분의 사람들이 하나님께 그 정도밖에 기대할지 모르지만, 하나님께서 우리에게 주시고자 하는 것은 훨씬 그 이상이다.

피터 드러커(Peter Drucker)가 수백 명의 목사들에게 강의하는 것을 들은 일이 있다. 강의 초반에 그는 말했다. "나는 크리스천이라고 감히 선포할 수 없습니다. 단지 크리스천이기를 원할 따름이지요. 이 사실을 여러분들이 알았으면 합니다." 그는 설명하기를 크리스천이라는 칭호는 초기 신자들에게 안 믿는 자들이 붙인 것인데, 초기 신자들의 행실이 너무나도 그리스도를 닮았기에 그렇게 불렀다는 것이다. 그는 이어서 "내가 나 자신을 크리스천이라고 부르는 것과 다른 사람들이 내 안에서 그리스도를 발견하는 것은 완전히 다른 일이지요."라고 했다. 매우 강력한 메시지였다. 그에게 기독교란 더 이상 종교가 아닌 삶의 방식이었다. 홀에서 그를 스쳐 지나갈 때 나는 장난스럽게 말했다. "드러커 선생님, 크리스천이 되기 원하세요? 제가 도와드릴게요." 그는 내게 다시 힌번 그의 입장을 분명히 하며 진정한 변화에 초점을 맞추기 위해 노력하는 강력한 메시지를 전했다. 자, 이제 문제는 '어떻게 하면 그런 제자를 양성할 수 있는가?' 하는 것이다.

깊이 생각하고 논의할 문제들

1. 올바른 것을 믿는다고 하면서 올바른 행실을 하지 못하는 것은 왜일까?
2. '회심'과 '온전한 변화'는 어떻게 다른가?
3. 복음이 바로 지금 나의 삶에 어떤 변화를 일으키고 있는가?
4. 내가 초대 교회 시대에 산다고 하면 사람들이 나를 크리스천이라고 불렀을까?

Part Two

T-라이프

개인적인 온전한 변화를 위한 문화를 창조하라

오늘날 크리스천들은 너무나 세속화된 나머지 그대로 현상을 유지하고 변화되기 싫어하며, 가진 것을 움켜쥐고 그중 일부만을 조금 나누어주고 약간의 선행을 할 뿐이다. 근본적인 변화(transformation)를 원하는 것이 아니라 약간 영적으로 보이고 싶어하고 자기 수양을 하는 정도다. 그러나 하나님께서 우리를 사용해 이 세상을 통째로 흔들어 놓기 위해서는 반드시 내적인 변화가 있어야만 한다. 우리 교회에서는 변화된 삶(Transformed Life)이란 모델을 제시해 이를 약어로 "T-라이프(T-Life)"라고 부른다. 우리의 마음, 감정, 존재 그 자체, 그리고 우리 심장의 속성은 '계발'되어야 하는 것이 아니라 온전히 '변화'되어야만 한다. 그것이 진정한 삶이다. 이러한 변화는 오직 주님이 가르치신 진리를 삶에서 실천할 때만 일어난다.

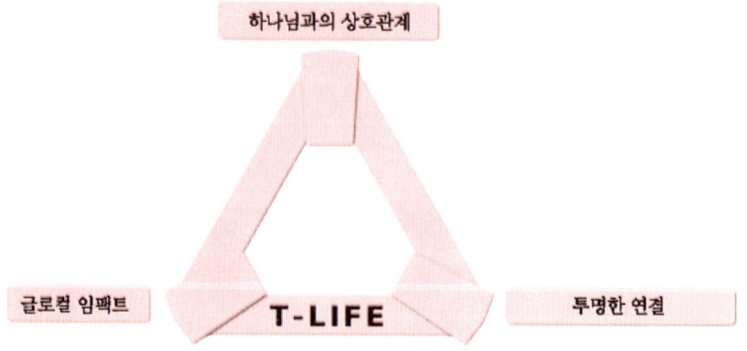

T-라이프의 핵심은 제자도에 대한 완전히 다른 접근방식을 통해 하나님을 영화롭게 하고자 하는 열망이다. T-라이프는 초대 교회 제자도의 모델과 새롭게 떠오르는 동양의 교회를 결합시킨 것이다. 제자도에 대한 서구의 접근 방식은 꽉 짜여진 커리큘럼을 통해 단지 정보를 전달하는 방식이었다. 정보가 믿음에 영향을 끼쳐 결국 행실에 임팩트를 준다고 착각한 것이다. T-라이프는 문화 창조에 역점을 두지 커리큘럼에 역점을 두지 않는다. 이 문화는 전체적인 변화를 불러일으키는 문화를 말한다. 이는 한 성경공부 단계를 마치고 그다음 단계로 이동하는 것으로 평가되는 것이 아니라 가정, 지역 사회, 그리고 세상에 끼치는 영향력과 삶의 방식으로 평가되는 그런 문화다. 아주 간단하다. 전에는 정보를 추구했기에 우리는 더 똑똑해질 수는 있었지만 더 거룩해지고, 더 변화되고, 문화와 세상에 영향력을 끼치며 보다 더 확실하게 연결되는 면에서는 실패했다.

T-라이프 모델은 다음과 같은 세 가지 요소를 가지고 있다.

하나님과의 상호 관계: 하나님, 성경, 펜, 주님께서 주시는 생각을 받아 적을 묵상노트, 부드러운 음악, 커피 한 잔. (뭔가 근사한 일이 일어날 것만 같은 기막힌 조화가 아닐까?)

투명한 연결: 하나님과 상호 작용을 하는 방법을 배우며 동시에 다른 성도들과 진정한 관계를 맺는 사람들.

지역적이면서 동시에 전 세계적인 임팩트: 삶, 사역, 그리고 직업이 한 점에서 만나는 것. 직업과 사역을 연결하여 지역적으로, 동시에 전 세계적으로 지역 사회를 개발하는 것.

도대체 언제쯤이면 주님 한 분만으로 만족할 수 있을까?

하나님과의 상호 관계
하나님, 성경, 펜, 주님께서 주시는 생각을 받아 적을 묵상노트, 부드러운 음악, 커피 한 잔. 뭔가 근사한 일이 일어날 것만 같은 기막힌 조화가 아닐까?

 몇 해 전 우리는 어떻게 T-라이프를 체계화하고 어떻게 영적으로 온전한 변화가 일어나는지에 대해 커리큘럼을 만들기로 결정했다. 다시 그 옛날 버릇이 나온 것이다. 정보가 행실을 바꿀 수 있다고 착각하는 어리석은 결정이었다(이 옛 버릇은 얼마나 질긴지…). 내 동기는 순수했다. 어떻게 하면 사람들로 하여금 자신의 직업을 통해 이 세상과 적극적으로 연결하여 더 많은 사역자가 온 세상에 나가도록 그들을 불러 일으킬 수 있는지 나는 좀 더 알고 싶었다.

 교회에서 20명을 선정해 싱크 탱크(think tank)를 구성했다. 이들 대부분이 예전에는 불가지론자 또는 무신론자였으나 지금은 영적으로 변화되어 이 세상에 영향력을 끼치는 사람들이었다. 그들에게 내 생각을 말하자마자 그들은 미처 내가 말을 끝내기도 전에 그 자리에서 만장일치로 찬성했다. "밥, 우리 노우스우드 교회에서 만들어낸 것은 문화이지 커리큘럼이 아닙니다." 그래서 우리는 우리 교회의 문화를 연구하고 그것으로부터 무엇을 배울 수 있는지 알아보기 시작했다. 다음과 같은 질문으로부터 이 일은 시작되었다. "우리 노우스우드 교회를 독특하게 만든 문화는 무엇일까?"

하나님과의 상호 관계

이 모든 T-라이프 제자의 출발점은 하나님과의 상호 관계에서 시작된다. 하나님과의 물 흐르듯 자연스러운 관계를 말하는 것이다. 우리는 심지어 '예배'라는 단어도 잘 사용하지 않는다. 그 의미가 사람마다 너무 다양했기 때문이다. 하나님과의 영적인 상호 관계를 위해서는 하나님의 말씀인 성경을 읽고 그 말씀에 응답하는 훈련이 필요하다.

성경 읽기

초창기에 우리 교회에서 시작한 것은 성도들이 하나님의 말씀을 배울 수 있도록 그들로 하여금 일 년에 성경 전체를 한 번씩 읽도록 하는 것이었다. 우리 성도의 대부분은 믿은 지 얼마 안 되는 사람들이었다. 나중에 그 결과를 우리 눈으로 직접 보기까지는 그 당시 우리가 하는 일의 중요성을 우리 자신도 잘 이해하지 못하고 있었다. 하나님과의 상호 관계를 실천하기 시작하면서 우리는 살아 있는 하나님 말씀에 대해 깊이 이해하기 시작했다. 성경은 살아 있는 책이라는 사실을 사람들이 경험하기 시작했다. 아침에 일찍 일어나 성경을 읽고 묵상록을 써가면서 그들은 하나님께서 성경 말씀을 통해 들려주는 음성을 듣기 시작했다.

듣는 기술이 중요하다

그 당시 우리가 성경 읽기를 시작하며 깨닫지 못하고 있었던 다른 한 가지는 우리도 모르는 사이에 사람들에게 듣는 훈련도 시키고 있었다는 사실이다. 하나님의 음성을 듣는다는 것은 마치 어떤 위기 상황이나 중요한 결정을 내려야 할 때 무슨 특별한 책에서 가르치는 '바람을 읽는' 것 같은 하나의 기술처럼 되어버렸다. 그러나 초대 교회를 보라. 하나님의 음성을 듣고 그의 뜻을 아는 것은 그들에게는 어떤 위기 상황에서 하는 것이 아니라 기본적인 일상의 훈련이었다. 무릎 꿇고 하나님의 말씀인 성경을 읽으면서 우리는 모든 상황에서 하나님을 보고 느끼기 시작했다. 이것이 우리가 시작한 성경 읽기였으며 이를 통해 모든 것이 변화되었다.

우리는 사람들에게 성경을 펴놓고, 펜을 준비하고, 모든 상황에서 하나님께서 친히 그 모습을 보이시고 그의 뜻을 밝혀주시기를 조용히 간구하며 하루를 시작하라고 가르친다. 그들은 예외 없이 구약의 역사나 지혜서 또는 신약 말씀을 통해 주님의 말씀을 들었고, 분명한 방향을 찾았다. 그들이 성경에 대해 발견한 가장 중요한 형용사가 있는데 성경은 '살아 있는' 책이라는 것이다! 성경은 그들에게 필요한 것을 말씀해 주고 하나님께서 하시고자 하는 일에 대해 그들의 마음을 활짝 열어준다.

이에 대한 사례는 너무나 많다. 고용인 문제로 기도하는 사업가, 자녀가 너무 속을 썩이는 엄마, 직장 상사를 더는 참을 수 없다고 하는 젊은 직장인, 또는 포르노를 끊을 수 없다고 고백하는 중년 남자… 하나님께서는 이들의 솔직한 기도에 진리로 대답해주시기 시작하신다. 우리는 하나님의 응답을 듣는 법을 배워야만 한다. 사람들의 믿음이 자라며 그들은 주위에서 매일 일어나는 모든 일에서 하나님을 보기 시작한다.

물론, 이 일은 내게도 일어났으며 내 삶을 송두리째 바꾸어버렸다. 이런 식으로 성경을 읽고 그 감동을 적어나가기 시작할 때, 그들은 자신이 어느 사이에 하나님께 경배드리고 있음을 알게 된다. 하나님은 말씀하시고 그들은 흥분에 젖는다. 하나님과 함께 보내는 이 시간은 기어가는 것이 아니라 말 그대로 날아간다.

하루하루를 주일과 같이

왜 그토록 많은 교회가 죽어 있을까? 우리의 개인적인 경배가 죽어 있기 때문이다.

주일은 단지 우리가 일주일 내내 개인적으로 하나님을 경험하는 날 중의 또 다른 하루일뿐이다. 그렇게 되어야만 한다. 그러나 너무나 많은 교회들이 주일을 하나의 이벤트로 만들어버리고, 목사는 인기 있는 연예인처럼 되어버렸다. 나는 자신을 하나님 나라의 외교관직을 겸한 전도자로 생각한다. 내가 할 일은 군사를 동원해 사역지로 보내는 것이지 그 군사들이 내게 와서 쇼나 보고 가게 하는 것이 아니다. 군사를 동원해 세상을 변화시키는 것이 나의 목표다. 이 일은 그들이 하나님과 개인적인 상호 작용을 하는 것으로부터 시작된다. 아니, 실은 나 자신이 하나님과 개인적인 상호 작용을 하는 것으로부터 시작된다.

도대체 언제쯤이면 주님 한 분만으로 만족할 수 있을까?

새롭게 보수한 쇼핑센터로 우리 교회가 이주하느라 소란하던 해의 어느 월요일 아침, 나는 집 뒷마당의 초장에서-텍사스의 뒷마당은 초원처럼 넓다- 기도하기 위해 일찍 일어났다. 교회가 예기치 않게 기울어가자 나는 낙심하고 있었다. 릭 워렌이 이런 얘기하는 것을 들은 일이 있다. "목회자는 자신의 삶을 송두리째 바칠 곳으로 가야만 한다." 톰 울프도 이런 말을 한 적이 있다. "초대 교회 시대에 정치인들은 바뀌었지만 초대 교회의 목사들은 제자리를 지켰다. 문화를 변화시키기 원한다면 우리 목회자들은 제자리를 지켜야만 한다." 나는 회중에게 여러 번 이런 약속을 해왔다.

모든 일이 계획대로 순조롭게 잘 진행될 때 제자리를 지킨다는 것은 즐거운 일이다. 그러나 모든 일이 꼬여서 돌아가면 그것은 얘기가 다르다. 그 당시는 모든 일이 형편없이 돌아갔고 나는 교회를 떠나고 싶었다. 실은, 내가 떠나지 못한 유일한 이유가 있다면 "나는 제자리를 지키겠노라"고 성도들에게 한 나의 약속 때문이었다. 몇 년 전에 그런 약속을 하고 새 신자 교육 때마다 그것을 다시 천명했던 것이다. 내가 말해놓고 거기에 걸려들다니! 내가 공개적으로 그런 말을 하지 않았다면, 아마 나는 거짓말로 나 자신을 둘러대고는 교회를 떠났을 것이다.

떠날 기회가 없었던 것은 아니다. 내가 한 약속을 지키기 위해 그동안 청빙 제안을 거절했던 교회들의 리스트가 이를 증명한다. 나는 반은 하나님께 기도하며, 반은 그동안 내가 하나님을 위해 무슨 일을 해왔는지 하나님께 상기시켜드리고 있었다. 나는 실제로 하나님께 이렇게 말씀드렸다. "하나님, 저는 제 책무를 다했습니다. 이제는 하나님께서 일해주실 차례입니다. 그동안 저는 하나님을 위해 일하지 않았습니까. 제 덕분에 그동안 덕을 많이 보지 않으셨습니까. 저는 아내 몰래 불륜을 저지른 적도 없고(내가 아는 다른 목회자처럼) 헌금 바구니에서 돈을 슬쩍한 일도 없습니다(세상에⋯ 이런 일도 있다고 한다)."

나는 생각했다. "어제 100명의 신자만 더 왔더라도 이렇게 낙심되지는 않을 텐데요. 하나님, 단지 100명인데 어떻게 안 될까요?" 나는 자신이 너무 어리석고 유치하다고 느껴졌다. 마침내 나는 무릎을 꿇고 흐느끼기 시작했다. 이때 갑자기, 오늘날까지도 결코 사라지지 않는 한 질문이 내 마음속에 떠올랐다. 하나님은 종종 내게 질문 형식으로 말씀하시곤 했는데 그날의 질문은 이것이었다. "밥, 도대체 언제쯤이면 나 하나만으로 충분하겠니?"

왜 내겐 만족이 없었을까?

내 삶에서 처음으로 주님만으로 충분하지 않다는 사실을 인정해야만 했다. 나는 주님을 사랑했고 섬기기를 원했지만 사역 그 자체에 너무 묶여 주님과 보내는 시간이 없었다. 결국, 나는 주님의 나라가 아니라 내 나라에 더 관심이 있었던 것이다. 주님의 그 첫 번째 질문에 이어 여러 다른 질문들이 봇물처럼 터져 나와 내 마음을 가득 채웠다. 왜 내겐 만족이 없었을까? 내게는 성령님과 하나님의 말씀이 있었다. 구원의 기쁨도 경험했다. 아름다운 가정과 멋진 집도 있었다. 잘못된 것은 하나도 없었다. 단지 내가 생각했던 대로 성공을 거두지 못했던 것이다. 내게로 와 설교를 듣는 모든 자에게 약속한 그 평화가 왜 정작 내게는 없었을까? 이런 안 좋은 상황이 그나마 최선의 상태라면 어쩐다지? 내겐 왜 만족이 없을까?

뭔가 단단히 잘못되었다. 그리고 그때 나는 깨달았다. 내 자아가 개인적인 성공에 꽉 잡혀 있다는 사실을. 주님만으로 충분하다면 나 자신의 제국을 넘어서서 주님의 나라에 초점을 맞추어야만 했었다. 그날 이후 주님과의 사랑의 관계가 시작되었다. 그리고 이 사랑의 관계는 내 심장과 주님의 심장과의 깊은 교감으로 발전했다.

어떻게 하면 주님만으로 만족할 수 있는가?

하나님과 진실하게 한결같이 교제를 하려면 먼저 반드시 주님만으로 충분하다는 확신이 있어야만 한다. 구약에 나오는 하나님의 이름 중에 엘 샤다이(El Shaddi)가 있는데 이 말은 '하나님, 충분하신 분'이란 뜻이다.

하나님의 실제를 알기 위해서는 무엇이 필요하며, 또 도대체 왜 하나님을 알아야 하는가? 성경을 보면 하나님은 모든 일을 자신의 영광을 위해 하시는 것을 알 수 있다. 하나님은 자신의 영광을 우리에게 나타내기 위해 우리와의 교제를 원하신다. 이 얘기는 애초에 우리가 왜 회심하게 되었는지로 거슬러 올라간다. 우리는 자신만을 위해 회심하는 것이 아니라 하나님을 위해 즉, 그의 영광이 나타나게 하기 위해 회심한다.

하나님과 개인적인 관계를 맺어보지 못한 사람은 하나님께서 기다렸다는 듯이 벌을 주기 위해 사람들이 일을 그르칠 때까지 두고 보는 그런 존재로 여긴다. 하나님과 상호 작용을 한다는 것을 단지 일요일에 교회에 나타나는 것으로 여기는 사람들도 있다. 또 과거에는 하나님을 믿으려 시도해보다가 자신이 원하는 것을 하나님께서 들어주시지 않자 화를 내며 비통해하는 사람들도 있다. G. K. 체스털톤(Chesterton)이 지적했듯이 "기독교에 대해 사람들은 일단 시도해보고 뭔가 추구할 만한 것을 발견하기보다는, 그저 힘들다고 생각하고 아예 시도조차 하지 않는 경우가 많다."[1]

주님만으로 충분하다면, 모든 상황이 어려울 때조차 주님을 친밀히 알고 그를 위해 산다는 것은 무슨 의미일까? 당신과 하나님과의 관계는 어떤가? 마음 중심으로부터 주님만으로 충분하다고 당신은 말할 수 있는가? 우리의 삶과 교회, 그리고 세상에서 주님만으로 충분하게 되는 몇 가지 중요한 비결을 아래에 적어보았다.

주께서 당신에게 주시고자 하는 그 모든 것을 받을 준비가 되어야 한다

회심자의 경우는 회개해야 하며, 믿는 성도의 경우는 자신을 내려놓으라는 말이다. 그리고 교회의 경우, 교회 안에만 머물며 자기 교회만 위하지 말고 교회 밖으로 연결되라는 말이다. 주님은 우리가 받고자 하기만 하면 개인에게든 교회에게든 모든 것을 공급하실 수 있다.

요한일서 3장 1절 말씀을 보자. "보라 아버지께서 어떠한 사랑을 우리에게 주사 하나님의 자녀라 일컬음을 얻게 하셨는고 우리가 그러하도다." 우리가 주님이 아닌 어떤 다른 것에서 만족을 찾는 한, 우리는 주님이 우리를 향해 쏟아 부으시는 사랑에 결코 만족할 수 없다. 우리 한번 솔직해져보자. 우리는 결코 배우자나 자녀들, 친구들, 친척들로부터 만족함을 얻을 수 없다. 이 세상으로부터 만족함을 얻을 수 없음은 두 말할 나위 없다. 주님께서 제공하시는 것만으로 충분한 그런 단계에 어떻게 도달할 수 있을까? "주님만으로 충분한가?"라는 의문을 버리는 그런 단계에 어떻게 하면 도달할 수 있을까?

> "찬송하리로다 하나님 곧 우리 주 예수 그리스도의 아버지께서 그리스도 안에서 하늘에 속한 모든 신령한 복을 우리에게 주시되 곧 창세 전에 그리스도 안에서 우리를 택하사 우리로 사랑 안에서 그 앞에 거룩하고 흠이 없게 하시려고 그 기쁘신 뜻대로 우리를 예정하사 예수 그리스도로 말미암아 자기의 아들들이 되게 하셨으니 이는 그가 사랑하시는 자 안에서 우리에게 거저 주시는 바 그의 은혜의 영광을 찬송하게 하려는 것이라 우리는 그리스도 안에서 그의 은혜의 풍성함을 따라 그의 피로 말미암아 속량 곧 죄 사함을 받았으니 이는 그가 모든 지혜와 총명을 우리에게 넘치게 하사 그 뜻의 비밀을 우리에게 알리신 것이요 그 기쁘심을 따라 그리스도 안에서 때가 찬 경륜을 위하여 예정하신 것이니"(에베소서 1:3-9)

위의 구절은 모두 하나님께서 우리를 위해 하신 일을 말한다. 모든 것이(전폭적인 수용과 완전한 권능 부여) 이 안에 들어 있다. 하나님은 자신을 우리에게 주셨다. 이 이상 더 무엇을 주실 수 있단 말인가?

하나님께서 우리에게 주신 것만으로 충분하다는 확신이 없을 때 우리는 다른 사람들을 통해 그것을 채우려 한다. 다른 사람의 칭찬을 원하고, 돈을 추구하고, 사람들이 나를 가장 멋지고 능력 있고 성공한 사람으로 봐주기를 바라게 된다. 대부분의 사람들이 고등학교 졸업 앨범에 있는 찬사 그 이상을 얻지 못한다. 왜? 자신의 정체성을 그리스도 안에서 찾는 대신, 자신이 뭔가 중요하게 보이기 위해 남들이 제공하는 것들을 추구하기 때문이다. 그러나 남들로부터 뭔가를 받기 위해서는 자신을 증명해야 하고 또 그들의 구미에 맞춰 살아야 한다. 하나님께서 주시고자 하는 것을 받을 준비가 되면 우리는 그가 하신 모든 것을 있는 그대로 인정하게 된다.

자신의 영광과 자아를 버리고 하나님의 영광을 사모하라

이에 대해서는 모세보다 더 좋은 예가 없겠다. 모세는 중요한 역사의 현장에 있었다. 그러나 하나님께서 모세를 사용하시도록 그는 준비되어 있었을까? 그 어두운 시대에 뛰어난 지도자가 필요하다는 것을 모세는 깨닫고 있었음이 분명하다. 그러나 과연 모세가 그 일을 해낼 수 있었을까? 우리가 자신을 위해 어떤 일을 한다면, 어려움에 직면할 때 우리는 하던 일을 멈추고 재고할 것이다. 그러나 하나님을 위해 그 일을 한다면, 우리는 결국 그 일을 해낼 수 있다. 허드슨 테일러 선교사가 말했다. "중요한 것은 중압감이 얼마나 큰가 하는 것이 아니라 그 중압감이 어디에 있는가 하는 것이다. 그 중압감이 당신과 하나님 사이에 단지 걸림돌로 존재하는가? 아니면 그 중압감이 당신을 주님의 심장으로 더욱 가깝게 몰아가는가?"[2]

하나님께서 자신을 사용해 무엇을 하려는지 모세는 어렴풋이 알고는 있었으나 그

상황이 아무리 어려울지라도 주님은 항상 우리를 지켜보신다

는 초기에 교만하고 혈기에 차있었다. 모세는 바로의 궁에서 자랐다. 그의 자아와 긍지는 주님의 다루심을 받지 않은 상태였기에 그의 도덕 원리란 오직 자신을 섬기는 것이었고, "자, 이제 내가 무엇을 해야 하

는가?"라는 식이었다. 마키아벨리즘은 "결과는 수단을 정당화한다"라고 한다. 모세가 그랬다. 그는 격노하여 이집트 병사를 살해했다. 그러나 그것은 하나님께서 역사하시는 방식이 아니다. 하나님의 역사는 반드시 하나님의 방식대로 이루어져야 한다. 우리의 모든 활동은 하나님의 방식으로 이루어져야 한다.

애석하게도, 우리는 거의 항상 "내가 원하는 것은 이것인데 과연 그것을 어떻게 획득할 것인가?" 하는 데 중점을 둔다. D. L. 무디가 이런 말을 한 적이 있다. "모세는 세 단계의 삶을 살았다. 처음 40년은 자신이 대단한 존재(somebody)라고 생각하며 살았다. 그다음 40년은 자신이 쓸모없는 존재(nobody)임을 발견한다. 그다음 세 번째 40년은 하나님께서 그 쓸모없는 존재조차도 사용하신다는 것을 발견하는 삶이었다." 야망이란 잘못된 것일까? 그렇지 않다. 그것이 자기중심의 야망이 아니라면 말이다. 다음의 말씀은 우리에게 이를 상기시켜준다. "아무 일에든지 다툼이나 허영으로 하지 말고 오직 겸손한 마음으로 각각 자기보다 남을 낫게 여기고"(빌립보서 2:3).

아무리 상황이 고통스럽고 어려울지라도 그 모든 상황에서 하나님을 바라보라

신학교를 졸업하는 한 학생과 렌 스위트(Len Sweet)가 얘기를 나눴다고 한다. 그 학생은 다른 청빙은 받지 못하고 단지 청년을 담당하는 목회자로 청빙을 받은 상태였다. 렌이 그 학생에게 물었다. "자, 이제 어떻게 할 건가?" "저는 청년 사역은 안 합니다." "그래? 만일 미켈란젤로가 '죄송하지만 저는 천정화는 안 그립니다.'라고 말했다면 어떻게 됐을 것 같은가?"

우리를 실망시키고 낙심케 하는 일들이 때론 하나님께서 우리를 사용하시기 위해 허락하신 바로 그 일일 수도 있다. 노우스우드 교회의 등록 교인 수가 수천 명에 이르렀던 1992년의 성공이 계속 되었더라면 아마 나는 결코 깨지지도 않았을 것이고, 하나님이 원하시는 일이 무엇인지 알려고도 하지 않았을 것이라고 확신한다. 분명히 하나님은 내가 원하는 대로 또는 기대하는 대로 움직이지 않으셨다.

얼마 전에 어떤 사람이 내게 물었다. "지금의 노우스우드 교회가 목사님께서 그동안 그려온 그런 교회입니까?" 나는 대답했다. "글쎄요. 내가 원했던 대로라면 지금쯤 수만 명의 출석 교인을 가진 교회가 되었겠지요." 아내는 내가 빌 하이벨즈나 릭 워렌 목사들처럼 설교가 강력하다고 말한다. 그럴지도 모른다. 그러나 노우스우드 교회가 내가 원했던 대로 숫자만 늘어난 그런 교회였다면 과연 지역 사회, 주(州), 전국, 그리고 온 세상에 걸쳐 지금 우리가 끼치고 있는 그런 영향력을 끼칠 수 있었을까? 최근에 우리는 어떻게 하면 일 년마다 백 개의 교회를 세울 수 있을지 아이디어 회의를 했다. 이 100개의 교회가 일 년에 최소 100명의 교회로 성장한다면, 또 이들 중 대부분의 교회가 100명 이상의 교회로 성장한다면, 일 년에 10,000명 이상이 된다.

엄청난 어려움을 겪은 한 여자가 말하는 것을 들은 일이 있다. "사람들이 내게 어떻게 그 모든 안 좋은 일들을 통과할 수 있었는지 묻더군요. 나는 언제나 안 좋은 시기(bad times)와 어려운 시기(hard times)를 분별할 수 있었다고 대답했죠." 자기 중심으로 살아간다면 결국 황량한 사막에서 끝을 맺을 것이다. 그러나 사막의 주위에는 언제나 우물이 있지 않은가! 사막은 히브리어로 미드바(midbar)다. 이 말은 다바(dabar)에서 파생된 말로서 "말하다"라는 뜻이다. 지금 당신이 사막 한가운데 있다면 하나님께서 당신에게 말씀해달라고 기도하라. 어려운 환경은 사람으로 하여금 하나님을 의지하게 만들고 우리 안에 크리스천으로서의 인내를 심어준다. "환난은 인내를, 인내는 연단을, 연단은 소망을"(로마서 5:3-4) 이 말씀을 이용해 이렇게 말할 수 있겠다. 하나님을 의지함은 인내를, 인내는 우리를 지혜롭게 만든다.

우리는 하나님을 바라볼 때, 그 어떤 상황에서도 우리의 마음 문을 열고 유연한 마음자세를 가져야만 한다. 또한, 하나님께서 좋은 일을 예비하고 계시다는 것을 알고 현재의 고난을 무시해야 한다. 하나님을 온전히 바라볼 때 우리는 오직 그분의 음성만을 들을 수 있게 된다. 지도자란 다른 사람들의 우정과 지지를 끌어낼 줄도 알아야 하지만 엄청난 반대에 직면해서도 홀로 서 있을 수 있는 충분한 자질이 있어야 한다. 그는 오직 하나님 외에는 아무도 의지할 데가 없는 상황에 대해 준비되어야만 하는 것이다.

자신을 붙들고 있지 말고 하나님과 함께 움직일 준비를 하라

아브라함, 모세, 예레미야, 이사야, 또는 바울과 같은 이들은 성공적인 삶을 살았지만 그들의 삶이 단지 한 가지 행적이나 이벤트로 요약되는 것을 허용하지 않았다. 왜? 그들의 삶은 성공이든 실패든 하나님의 큰 그림과 관련되어 있기 때문이다.

우리 대부분이 히브리서 11장에 나오는 그런 인물이 되길 원한다. 그러나 그들 대부분이 결코 자신이 이루고자 했던 원대한 꿈을 이룬 것은 아니다. 그들은 단지 그 꿈을 향해 나아갔으며 그렇게 하면서 그들이 이루리라고 꿈꾸던 것 그 이상을 성취했다. 그러나 그들의 삶은 살아 있는 동안 신문의 머리기사를 장식하는 그런 화려한 삶은 아니었다. 그들은 다른 사람들의 인정이 아니라 오직 하나님의 인정 속에 삶을 마쳤다. 하지만 성경은 그들에 대해 훨씬 더 좋은 것을 발견한 자들이라고 말한다.

"이 사람들은 다 믿음을 따라 죽었으며 약속을 받지 못하였으되 그것들을 멀리서 보고 환영하며 또 땅에서는 외국인과 나그네임을 증거하였으니"(히

브리서 11:13)

"이 사람들이 다 믿음으로 말미암아 증거를 받았으나 약속을 받지 못하였으니 이는 하나님이 우리를 위하여 더 좋은 것을 예비하셨은즉 우리가 아니면 그들로 온전함을 이루지 못하게 하려 하심이니라"(히브리서 11:39-40)

하나님께서 당신의 삶 속에서 역사하시도록 삶을 통째로 내어드리라

우리 문화에서는 서둘러서 최고 정상에 빨리 도달하지 않으면 무슨 축하할 일이 있느냐고 한다. 그러나 일단 정상에 이르면 어디로 갈 것인가? 문제는 몇 살에 무엇을 이루었느냐가 아니라 일생을 통해 무엇을 이루었느냐. 모세는 상황이 어렵다고 해서 그의 사역을 포기하지 않았다. 모세는 그의 일생을 통해 인도하시는 하나님의 음성을 따라 살았다. 모세가 진정한 모세가 되기 위해서는 그의 일생이 걸렸다. 주님만으로 우리의 삶은 충분하다. 하나님과의 친밀한 교제를 통해 그런 삶을 누리는 권능을 받으면 우리 자신, 교회, 그리고 세상은 과연 어떻게 변할까?

> *꿈은 빨리 성취할 수 있다. 그러나 비전의 성취는 일생이 걸리는 일이다.*

경영과 리더쉽 컨설턴트인 밥 베일(Bob Bheil)은 내게 여러 번 이런 말을 했다. "세상을 변화시키기 원하는가? 최소한 30년의 계획을 세워라." 그의 말이 옳다. 처칠도 이와 비슷한 말을 했다. "지친 노인이 세상을 움직인다." 사실이다. 물론, 많은 젊은 세계 지도자들이 있지만 고위층에 있는 지도자 대부분은 세월의 풍상을 겪으며 지혜를 얻고 힘을 자제하며 어떻게 그 힘을 행사해야 할지 아는 사람들이다. 그래서 인생이 재미있는 것 아닐까 싶다. 한 번은 어느 강사가 이런 얘기하는 것을 들은 일이 있다. "20대나 30대에 혜성같이 떠오르며 잘 나가던 친구들은 40대나 50대가 되면 떨어지는 유성이 되는 경우가 많다." 자신의 지경을 넓힌다는 것, 그리고 자신의 지경과 세상을 변화시키기 위해 자신의 지경을 다시 자리매김한다는 것, 이 둘은 서로 다르다.

어떻게 하나님과 상호 작용을 할 수 있는가?

'방법'이 아니라 '사람' 그 자체에 초점을 맞추는 것이 우리가 변화될 수 있는 유일한 길이다. 변화된 사람들은 초점을 주님께 맞춘다. 그들은 주님으로 충분하다고 확신한다. 그리고 나서 그들은 방법에 대한 연구보다 사람 그 자체가 훨씬 중요함을 깨닫게 된다.

예수께서는 바리새인들에 대해 그들이 성경 말씀은 연구하지만 그 말씀이 전하는 주님을 알아보는 데는 실패했다고 말씀하셨다. 나는 당신에게 내가 어떻게 하나님과 대화를 하는지 말해줄 수 있다. 그러나 그 말을 듣고 너무 과정에 집착한 나머지 정작 주님을 놓치는 우를 범하지 말라. 나는 당신에게 21세기를 살아가는 우리 크리스천의 삶이 어떻게 하면 역동적이고 생기 있을 수 있는지 가르쳐줄 수 있다. 그러나 당신은 가르침을 받는 것보다는 오히려 그 안에 갇혀버리고 말 것이다. 예수께서 말씀하셨다. "나를 본받으라." 바울도 말했다. "나를 본받으라." 요한도 말했다. "나를 본받으라." 바로 이런 게 진정한 삶의 방식이지 무슨 부품 조립 설명서 같은 것은 결코 진정한 삶의 방식이 될 수 없다. 일상의 삶에서 주님의 임재 안에 주님과 함께 거함으로써 우리는 주님을 알아 가게 된다. 그러면, 주님의 임재 안으로 어떻게 하면 들어갈 수 있는가? 우선 솔직해지는 것부터 시작해보자.

정직이 최선이다

하나님께서는 우리에게 필요한 것을 정확한 때에 함께 엮어내는 놀라운 방법을 가지고 계신다. 레이톤 포드(Leighton Ford)는 내가 앞으로도 항상 감사할 사람으로서 하나님께서 귀한 인연으로 맺어주신 사람 중 하나다. 교회 이전 문제를 마치고 나는 여전히 고통 중에 있었다. 훌륭한 지도자이자 스승인 레이톤은 20명의 젊은이를 선발하여 2년 동안 그의 삶을 말 그대로 헌신적으로 쏟아 붓고 있었다. 나는 그 20명 중의 하나였다. 그는 우리가 모두 중요한 지도자가 될 것을 믿는다고 말했다. 그래서 그는 우리 20명을 한데 모아놓았는데 우리를 좀 더 훌륭한 지도자로 만들려는 것보다는 우리를 좀 더 건전한 지도자로 만들기 위함이었다. 그는 우리의 마음, 도덕성, 결혼 생활, 그리고 사역이 손상되지 않으면서 우리가 사역의 길을 끝까지 달려가 마치기를 원했다.

그는 때로 우리에게 일상에서 잠시 뒤로 물러나 개인적인 묵상의 시간을 가지라고 하곤 했다. 영적 변화의 여정에 오른 지 얼마 되지 않은 때에 나는 성경과 개인 묵상 노트만을 가지고 캐롤라이나에 있는 어느 산으로 갔다. 나의 내부가 고요하게 되자 나는 글을 써나가기 시작했다. 믿음, 소망, 사랑, 두려움, 그리고 우상 숭배 등의 관계에 대해 적어가기 시작했다. 나는 내가 두려워하는 것들에 대해 강박 관념이 있다는 사실을 깨달았고, 나의 우상은 자신을 두려움으로부터 보호하고자 내가 스스로 세운 벽임을 깨달았다.

묵상록을 적어가며 나는 한 번에 하나씩 내려놓기를 시작해 난생처음으로 내 마음의 깊은 심연에 도달하고 있었다. 하나님과의 상호 교류에서 핵심은 '하나님 말씀에 초점을 맞추는 것'과 '솔직한 고백'이다. 여기서 말하는 솔직이란 극도로 냉엄한 솔직을 말한다.

나중에 레이톤과 다시 만났을 때, 우리는 인격에 대한 시험을 치러야 했다. 나에 대한 시험 결과를 받고 보니 거기에는 내가 듣기 싫어하는 것들이 적혀 있었다. 레이톤은 가차없이 진실을 말했고, 우리는 모두 낙담했다. 다음날 아침, 나 자신의 무능함에 대해 실망을 느끼며 레이톤과 아침 식사를 하고 있었다. 나는 그에게 말했다. "왜 저는 선생님이나 빌리 그래함처럼 좀 더 정상적일 수 없는 거죠? 저는 저 자신이 싫습니다." 그는 나를 따뜻한 눈으로 바라보며 말했다. "밥, 자네 생각에 빌리나 나에게는 씨름해야 할 도전거리나 골칫거리, 어려움들이 없다고 생각하나?" 나는 정말 그런 생각을 한 번도 한 적이 없었다. 그들에게는 타고난 재능이 있고 내 속에 있는 그런 쓰레기 같은 것들은 없기에 그들이 지도자가 된 것이라고 나는 항상 생각해왔다. 그때 내 머리에 퍼뜩 지나가는 것이 있었다. "맞아. 이들이 지도자가 된 것은 그 속에 쓰레기 같은 것들이 없어서가 아니야. 이들은 그 쓰레기들을 정복했기에 지도자가 된 거야."

개인적인 변화는 하나님 말씀에 기초한 깊은 자기 성찰로부터 시작되어, 당신의 삶을 마치 추를 매단 실처럼 그 말씀 옆에 나란히 정렬하여 내려놓는 것이다. 자신을 정복하기 전에는 당신이 아무리 세상을 정복하려 노력해봐야 소용없는 일이다. 고든 맥도널드(Gordon McDonald)의 글에 이런 것이 있다. "여러 해 전에 나는 그들의 가장 더럽고 추잡한 비밀을 알게 되었다. 그들이 세상을 변화시키고자 하는 열정은 다름 아닌 자신을 변화시킬 수 없다는 사실에서 비롯되었다는 것이다."[3] 그래서 하나님의 말씀을 읽을 때는 반드시 묵상 노트를 적어가며 읽는 것이 좋다. 그래야 찬찬히 자기를 살필 수 있게 되며, 단순히 글자를 읽는 것이 아니라 그 의미와 깊이를 생각하게 된다.

얼마 전에 나는 교회에서 자기 성찰의 중요성에 대해 설교를 했다. 개인 묵상 노트는 이러한 자기 성찰을 엮어놓은 카탈로그다. 당신의 삶과 하나님의 말씀에 어떤 일들이 일어나고 있는지 한데 엮어 수년에 걸쳐 이런 카탈로그를 만들면 당신 자신이 누구이며 당신의 삶에서 하나님께서 어떻게 역사하시는지 이해할 수 있게 된다. 또한, 당신이 사랑하는 사람들에게 당신과 하나님과의 씨름이 어떠했는지 보여주는 영적 자서전을 남기는 것이다. 당신이 정말 솔직하게 적는다면 말이다.

일상에서 주님과 함께하기

하나님을 알아간다는 것은 어떤 식으로 이루어지는가? 나는 주로 QT(Quite Time, 개인 경건의 시간-역자 주)를 이용한다. QT를 통해 매일 말씀을 읽고 내 기도 제목을 기도한다. 그러나 이 QT가 언제나 한결같이 열정적이거나 생명이 넘치는 것은 아니다. 심리 상태에 따라 기복이 있는 것 같다. QT를 통해 나는 혼자 드리는 개인적인 경배가 무엇인지도 잘 알게 되었다. 여기 성경책, 개인 묵상 노트, 펜, 그리고 커피 한 잔이 있다. 짧은 기도 책이 있으면 더욱 좋을 것이다. 자, 이제 준비는 다 됐다.

나는 기존의 QT 형태(일단 기도 먼저 하고, 그리고 말씀 읽고 묵상 기록하거나, 또는 묵상 기록을 먼저 쓰고 말씀 읽고 기도하고 다시 묵상 기록을 쓰는 형태)를 찬

> QT란 "그날의 나의 영적 상태를 점검하는 행위"로 보는 접근 방식을 접고, "주님과의 만남"이라는 시각으로 접근하기 시작했다.

찬히 바꾸어 나가기 시작했다. 무엇보다 나는 이 조용한 경건의 시간을 주님과 함께하며 다음과 같은 태도로 접근했다. "주님, 제게 말씀하시고, 가르쳐주십시오. 제게 확신을 주시고 보여주십시오. 저를 가르치시고 인도해주십시오. 당신의 길을 분명히 알도록 해주십시오." 내 깊은 곳의 느낌과 관심을 적어나갔다. 오늘 하나님께서 분명히 내게 말씀하신다는 마음으로 성경을 읽었다. 나는 내게 물었다. "내가 읽은

말씀으로 무엇을 해야 하나? 어떻게 적용을 하지? 이것이 나를 어떻게 변화시킬까?" 차츰 묵상이나 고독, 찬양(비록 음이 안 맞기는 하지만)과 같은 것들이 이 개인 경건의 시간에 하나하나 찾아들기 시작했다.

개인적인 경배의 열쇠

개인적인 경배란 하나님과의 상호 교류를 말한다. 이 개인적인 경배에서 내가 주로 경험하는 것은 다섯 가지 단계가 있다.

하나님의 임재를 기대

첫 번째 단계는 하나님을 초대하고 그의 임재를 기대하는 시간이다. 이 시간은 모든 분주한 활동을 멈추고 주님이 말씀하실 것에 초점을 모으고 경청하는 시간이다. 이를 위해서는 하나님을 만날 시간과 장소를 별도로 정해야만 한다. 예수님은 장소의 중요성을 잘 알고 계셨다. "새벽 오히려 미명에 예수께서 일어나 나가 한적한 곳으로 가사 거기서 기도하시더니"(마가복음 1:35). 하나님께서 말씀하시도록 그곳은 조용하고 성령의 역사하심이 있는 곳이어야 한다. 시간도 정할 필요가 있다. 주님은 우리가 나타날 것을 기대하고, 우리 또한 주님이 임재하실 것을 기대하는 것이다.

> "여호와의 산에 오를 자 누구며 그 거룩한 곳에 설 자가 누구인가 곧 손이 깨끗하며 마음이 청결하며 뜻을 허탄한 데에 두지 아니하며 거짓 맹세하지 아니하는 자로다"(시편 24:3-4).

초점

성경 말씀과 기도는 분리되어서는 안 되며 반드시 하나가 되어야 한다. 이는 이론이 아니라 실제로 그래야 한다는 말이다. 당신이 이해할 수 있는 성경을 택해 상고하라. 나는 성경을 읽을 때 항상 일반 펜과 형광펜을 곁에 둔다. 왜냐하면, 단순히 나열된 사실을 읽은 것이 아니기 때문이다. 그리고 단지 말씀에 대한 상고로 끝나서는 안 된다. 삶에 적용이 되어야만 한다. 말씀을 읽으며 나는 다음과 같은 질문들을 한다.

▶ 주님, 이 말씀을 통해 제게 확신을 주시고자 하는 것이 있나요?
▶ 주님, 이 말씀을 통해 제가 해야 할 일을 말씀하시는 건가요?
▶ 주님, 주님 자신에 대해 말씀하시는 건가요?
▶ 주님, 제게 어떤 약속의 말씀을 주시는 건가요?

이런 질문들에 대한 응답이 오면, 나는 그것을 묵상 노트에 적는다. 만약 그 응답이 생명적인 구절이거나 하나님의 지시와 같이 아주 강력한 것이면, 나는 성경의 여백에 날짜를 적고 표시를 해둔다. 매년 성경 전체를 통독할 것을 권한다. 지난 15년 동안 나는 매년 성경을 통독해 오고 있다. 이 방법은 그 어떤 것보다도 나를 영적으로 성장시켜주었다. 나는 매일 구약과 신약을 집중해서 읽음으로써 균형을 유지한다. 사실, 나는 성경을 기껏 몇 해 통독하고는 헌신을 했는데 그 정도를 가지고 열매를 맺기에는 턱없이 모자랐다.

"주의 말씀은 내 발에 등이요 내 길에 빛이니이다"(시편 119:105. 시편 119:1너도 참조 바람)

내부 성찰

"내가 배운 것을 어떻게 삶에서 실증할 수 있을까?"라는 질문의 답은 자신의 내부를 성찰하는 것이다. 자, 바로 여기서 기도와 묵상이 등장한다. 기도와 묵상이란 피상적인 것들을 고백하는 것이 아니라 마음속 깊이 내려가 우리의 삶에서 죄를 반복하게 하는 것들에 초점을 맞추는 것이다. 기도와 묵상을 통해 하나님은 우리가 무엇을 해야 하는지 강력하게 말씀하신다. "하나님이여 나를 살피사 내 마음을 아시며 나를 시험하사 내 뜻을 아옵소서 내게 무슨 악한 행위가 있나 보시고 나를 영원한 길로 인도하소서"(시편 139:23-24). 내부 성찰이 어떤 식으로 이루어지는지 보여주기 위해 내 묵상 노트에서 일부 발췌를 해보았다.

1992년 1월 26일. 냉엄한 현실이 내게 덮쳐와 마구 발로 차고 악을 쓴다. 결코 극복할 수 없는 장애물을 본다. 마지막 소망의 흔적까지 포기한다. 이미 다른 이들은 긴 장대를 이용해 담을 넘어 탈출에 성공했다. 또 다른 이들이 탈출에 성공하고 있고, 그들은 앞으로도 영원히 그럴 것이다. 내게 있는 장대는 길이가 너무 짧다. 다른 사람의 장대를 빌릴 수도 없다. 우리는 실패하고 있다. 그러나 이로 인해 실망하지 말아야 하는데 이것은 단지 큰 승리를 위한 준비작업인 것을 우리는 알고 있기 때문이다. 장차 올 큰 승리가 없다면 어떻게 할 것인가? 아마 좋은 게 좋다는 식으로 살게 되겠지? 다른 사람들도 나처럼 믿고 기대하며 살까? 사람마다 그 기준이 다르겠지….

성령의 감화와 찬양

처음 몇 해 동안 나는 묵상 기록을 낱장 용지에 적다가 칠 년 전에 제대로 된 묵상 노트를 하나 샀다. 나는 그날의 활동, 내 삶에서 일어나는 일들, 하나님께서 가르쳐주신 교훈과 기도 요청 건 등을 하나하나 날짜를 기록하며 적어 나갔다. 간단히 말해, 이것은 일기장이 아니라 내 삶의 살아 움직이는 대화다. 과거의 기록을 읽으면, 나는 과거에 함께하신 하나님의 신실하심에 대한 명백한 기록을 보며 하나님의 선하심을 찬양할 수 있다. 그래서 나는 장차 하나님께서 나를 위해 하실 일에 대해서도 미리 찬양할 수 있다. 이 일을 10년간 해오며 나는 연말에 그 해의 기록을 읽으며 하나님께서 역사하시는 패턴과 방법을 배울 수 있었다. 하나님께서 이번 해에 역사하시는 모든 일은 하나님께서 작년에 이미 엮어 놓으신 것 위에 세워진다.

> 개인 묵상을 노트에 기록하면 하나님께서 어떻게 역사하시는지 알 수 있을 뿐 아니라 당신 삶의 어느 특정한 시점에 하나님께서 어디를 향하시고 있는지 알 수 있다.

영의 회복과 삶의 적용

다섯 번째 마지막 단계는 영의 회복과 삶의 적용이다. 이 개인 경건의 시간을 통해 나는 반드시 하나님께 헌신한다. 경배와 삶의 적용은 아주 강력한 조합이다. 나는 종종 찬양을 들으며 중심으로부터 하나님을 경배하면서 조깅을 하곤 한다. 하나님과 함께하는 개인 경건의 시간을 어떻게 마무리하는지 보여주는 내 묵상 노트의 일부를 발췌해 아래에 적어보았다.

> 오늘은 월요일이다. 오늘 우리 교회 사역팀은 기도하며 평가와 기획을 할 것이다. 나는 자신에게 이런 질문을 해왔다. "앞으로 20년 동안 이룰 수 있는, 내 삶을 바칠 만한 가치 있는 일은 무엇까?" 오직 한 가지. 앞으로 20년 동안 모든 미전도 종족이 하나님의 복음을 듣도록 노우스우드 교회가 그들을 향해 땅 끝까지 이르는 운동을 시작하는 것이다. 하나님, 제게 어떻게 해야 할지 알려주십시오. 주님께서 제게 말씀하시길 이 한 주간 기대합니다.

누가 이 일이 쉬울 거라고 했는가!

주님께서 우리에게 그토록 원하시는 변화된 삶을 경험할 수 있는 유일한 길은 주님께 대한 순종을 통해서다. 크리스천으로서의 경험은 순종의 정도에 달렸다고 할 수 있다. 어떤 사람들은 은혜와 순종은 함께 할 수 없다고 생각한다. 그러나 순종이야말로 진정한 제자도의 뿌리다.

순종을 통해 우리는 변화를 향한 은혜의 길목에 들어서게 된다. 순종은 씨가 잘 자라도록

> *"인류를 변화시킬 생각을 모두 한다. 그러나 자신을 변화시키려는 사람은 아무도 없다."* -레오 톨스토이

땅에 씨를 뿌리는 것을 의미한다. 순종을 경험하지 않고 도대체 어떻게 하나님 은혜의 깊이를 알 수 있단 말인가? 오직 순종을 통해 우리는 하나님을 깊이 알 수 있다.

하나님을 친밀하게 안다는 것이 왜 이리 힘들까?

누가 이 모든 일이 쉬울 거라고 했는가! 로마서 7장을 보면 사도 바울은 자신이 원하는 것과 육신이 원하는 것 사이에서 전투를 벌이고 있음을 알 수 있다. 순종을 통해 우리는 비로소 올바른 선택을 위해 '궁리'나 하는 수준에서 벗어나 올바른 일을 '실천'하게 된다. 빌립보서 2장 12-13절 말씀은 우리에게 이를 상기시켜준다. "그러므로 나의 사랑하는 자들아 너희가 나 있을 때뿐 아니라 더욱 지금 나 없을 때에도 항상 복종하여 두렵고 떨림으로 너희 구원을 이루라 너희 안에서 행하시는 이는 하나님이시니 자기의 기쁘신 뜻을 위하여 너희로 소원을 두고 행하게 하시나니"

세상을 변화시킨 특별한 사람들의 공통점 한 가지가 뭔지 아는가? 그들 역시 하루 24시간을 가지고 살았지만 그들은 순종으로 살았다는 것이다. 잠언 5장 23절을 보면 사람들이 "훈계를 받지 아니함을 인하여 죽는다"고 한다. 우리는 하나님으로부터 그저 많이 받을 것을 원하지만 그에 대한 보답으로 드리는 것은 거의 없다.

일터에서 성공하기 위해 자신을 희생한 많은 성공한 남녀 사업가들과 얘기를 나눈 적이 있다. 그들은 하나님과 개인적인 교제를 하는 방법을 알고 싶다고 말한다. 그러나 그들은 주님께 쓰다 남은 자투리 시

간만을 던져주면서 왜 자기는 주님을 더 잘 알 수 없는지 이해할 수 없다고 한다. 인생에는 우리가 통제할 수 없는 많은 일들이 있다. 그러나 우리가 통제할 수 있는 한 가지가 있는데, 그것은 순종의 수준이다. 잠시 분주한 활동을 멈추고 현재 우리의 모습은 바로 우리가 선택하고 우리 자신이 만든 것임을 깨달아야 한다. 다시 말하지만, 현재 우리의 모습은 우리 자신이 만든 것이다. "경박하고 피상적이라는 것은 우리 시대의 저주다. 찰나적인 만족을 추구하는 것은 영적으로 심각한 문제다. 오늘날 정말 필요한 것은 수많은 지식인들이나 능력 있는 사람들이 아니라 깊이 있는 사람들이다."[4]

순종하지 않는 한, 우리의 삶이 조금이라도 깊이 있게 될 거라고 생각지 말라. 잠언 10장 17절 말씀을 보자. "훈계를 지키는 자는 생명 길로 행하여도." 우리 대부분은 누리는 것만 생각할 뿐, 그에 필요한 노력은 하지 않는다. 삶에서 승리하길 원하는가? 뭔가 의미 있는 일을 하기 원하는가? 당신이 누구를 알고 있고, 당신이 얼마나 의미 있는 삶을 원하는가 하는 것은 그 열쇠가 아니다. 순종이 바로 그 열쇠다. 자신의 삶을 온전히 순종으로 사는 자만이 가치 있는 일을 할 수 있으며 성장할 수 있다.

어느 정도의 하나님이면 될까?

그러나 우리 대부분은 "그게 나와 무슨 상관이람?" 하는 식으로 산다. 우리가 원하는 것은 단지 우리를 폼 나게 해줄 정도의 하나님, 그저 우리가 존경할 만한 정도의 하나님, 사람들이 우리를 좋게 생각하도록 해줄 정도의 하나님이다. "우리의 의식을 전환시켜 순종의 삶을 살게 해주는 아주 쉬운 세 가지 단계"라는 것은 존재하지 않는다. 오직 수많은 어려운 단계만이 있을 뿐이다. "지옥에 가기 위해 치러야 하는 대가는 천국에 가기 위해 치러야 하는 대가와 비슷하거나 그 이상이다.

지옥으로 가는 길은 좁다. 대단히 좁다."⁵ 천국이든 지옥이든 대가는 치러야 한다는 말이다. 순종의 삶을 사는 사람들은 최선의 결과를 위해 최대의 희생을 하려 한다. 이들은 영향력을 원한다. 경쟁에서 누군가를 이기는 것을 말하는 것이 아니다. 당신이 이를 수 있는 최고의 삶에 대해 말하는 것이다.

> 당신은 삶에서 어느 정도의 하나님을 소유하고 사는가? 분명히 말하거니와 당신이 원하는 만큼 하나님을 소유할 수 있다.

왜 하나님과의 상호 작용이 필요한가?

T-라이프는 하나님과 상호 작용하는 관계에서 시작해 그곳에서 마친다. 하나님과의 친밀한 교제가 없다면 우리는 결코 변화될 수 없다. 우리 자신이 먼저 변화되지 않고서는 결코 세상을 변화시킬 수 없다. 세상과의 싸움을 위해 부름 받은 교회는 먼저 자신과 싸워야만 한다. E. 스탠리 존스는 이런 말을 했다. "사도들이 세상을 뒤흔들어놓을 수 있었던 이유는 그들이 먼저 예루살렘이라는 제일 어려운 곳을 정복했기 때문이다."⁶ 예루살렘을 정복할 수 있다면 그 어느 곳도 정복할 수 있다. 그리고 나서 그들은 땅 끝으로 향한 것이다. 그들이 예루살렘과 맞붙어 싸우지 않았더라면 그들은 세상 땅 끝까지 이르지 못했을 것이다. 그러나 그들은 예루살렘을 정복해냈다. 왜냐하면, 그들은 먼저 그들 자신을 정복했기 때문이다.

우리 존재의 핵심은 하나님과의 친밀하고 상호적인 교제에 있다. 그렇지 않으면 우리는 개인으로서, 교회로서 제대로 성장할 수 없다. 우리 각자가 개인으로서 하나님의 임재를 일상적으로 경험하기 시작하면, 우리는 같은 마음을 품은 또 다른 성도들과 연결되려는 노력을 시작할 것이다.

바로 여기가 정말 흥분되는 부분이다. 우리는 더 이상 고립된 각자가 아니라 삶과 삶이 연결된다. 다음 장에서 다루겠지만 이렇게 해서 T-라이프를 통해 우리는 하나님과의 상호 작용으로부터 다른 사람들과의 상호 작용으로 이동한다. 다른 사람들과의 상호 작용에는 진정한 크리스천의 삶을 살기 위한 투명성과 신뢰성이 요구된다. 변화된 자들의 협력은 더욱 큰 힘을 만들어내고, 이것은 우리가 개인적으로 하는 것보다 훨씬 뛰어나고 오래 지속되는 것을 만들어낸다. 사람들과 연결된다는 것은 하나님과의 개인적인 여정이 이제 더 이상 혼자만의 일일 수 없으며, 신뢰성이라는 시험을 통과해야만 한다는 것을 의미한다.

깊이 생각하고 논의할 문제들

1. 당신은 예수님만으로 충분한가? 예수님만으로 충분하다면 무엇으로 증명할 수 있는가? 또 그 반대 경우는?
2. 당신은 성경을 어떤 식으로 읽는가? 어떤 방법이 효과가 있으며 어떤 어려움이 있는가?
3. 분명한 하나님의 역사가 있었다는 것을 깨닫지 못하고는 그저 평범할 수밖에 없었던 기회나 사건 및 관계가 당신 삶에서 특별하게 부각된 경험이 있는가?
4. 개인 묵상 노트의 유익 다섯 가지가 어떤 것들이라고 생각하는가?

5

예수님을 따른다는 것이
과연 나 혼자만의 일일 수 있을까?

투명한 연결

하나님과 깊은 교제를 하는 사람들은 다른 믿는 이들과 반드시 연결을 한다

호주 여행을 마치고 미국으로 돌아올 때 비행기가 착륙하자 나는 아내와 아이들을 빨리 보고 싶어 게이트로 바삐 향하고 있었다. 마침내 아내와 아이들을 보고 차례로 깊이 포옹했다. 가족들 옆에 어색하게 티(Ti)가 서 있었다. 앞에 얘기했지만 티는 불교 신자로서 미국에서 공부하기 위해 우리와 지내는 학생이다. 아내를 통해 티가 가져온 불상 선물에 대해 듣기는 했지만 직접 만나게 된 것은 처음이었다. 정부 고관(minister)의 집에 지내게 된 줄 알았던 티는 내가 목사(pastor)라는 것을 알고 무척 놀랐다.

티는 공항에서 나를 처음 만나며 놀란 나머지 속으로 이런 생각을 했을 것이다. "아이고, 고국에 돌아가면 나는 감옥에 가겠구나." 주머니에 양손을 찔러넣은 채 겁에 질려서 서 있는 그를 보고 나는 마찬가지로 꼭 껴안아주었다. 그는 우리 집에서 2년을 지냈다. 그는 아직 주님을 영접하지는 않았다. 그러나 그는 다른 성도들과 연결되어 있다. 주님을 발견하는 영적 여행길에서 그는 이제 더 이상 혼자가 아닌 것이다.

우리가 믿는 것과 정반대의 것을 믿는 티를 집에 들여 함께 산다는 것은 정말 혁신적인 일이고 쉽지 않은 일이다. 그러나 티는 우리 가족의 일부가 되어갔다. 그가 정말 엉뚱한 질문을 할 수도 있고 우리의 사고방식에 정면으로 맞설 수도 있다는 사실이 오히려 우리를 한 가족으로 긴밀하게 연결해주었다. 나는 이 일을 통해 건강한 가정과 지역 사회는 서로 연결되어 있다는 것을 확인했다. 교인들이 성장해서 하나님을 섬기기 위해서는 반드시 서로 연결되어야만 한다. 결코 혼자서 고독하게 수행하는 식이 아니다.

지금까지 약 60명의 학생들이 서양이 아닌 나라로부터 와서 우리 교인들의 집에서 함께 지냈다. 그중 여덟 명이 현재 주님을 영접하고 다른 믿는 이들과 긴밀하게 연결되었다. 이때부터 엄청난 일이 벌어지기 시작했다. 이들 여덟 명은 전부 미국의 유수한 대학에서 뛰어나게 잘하고 있다. 이들이 내게 이메일을 보내거나 전화 또는 직접 방문해서 하나님을 위해 일하고 섬기는 기회를 갖게 된 그들의 삶이 얼마나 축복받은 것인지에 대한 얘기를 들으면 정말 흥분된다. 그들은 자신의 삶과 문화에 실제적으로 연결하여 모든 일을 한다. 하나님께서는 내게 교육자, 사업가, 대법원 판사, 국무총리, 장군 등 여러 사람을 만나게 하셨다. 이들과 접촉할 수 있는 무슨 비밀의 문이라도 발견해서가 아니다. 우리 일반 성도들이 변화되고, 변화된 그들을 사람들이 개인적으로 알고 싶어 하기 때문이다.

연결 방법은 지역 사회마다 다르다

사람마다 지역 사회(community)에 대한 이해가 다르다. 단어만으로 보자면 '공동의 일치(common unity)'를 의미한다고 하겠다. 그러나 오늘날의 교회에서는 전반적으로 '일치'를 찾아보기 어렵다. 그래서 나는 '연결(connection)'이라는 단어를 더 좋아한다. 내 생각에는 교회가 지역 사회의 의미를 '사회 활동'과 혼동하는 것 같다. 원숭이들도 사회 활동을 한다. 서로 벼룩을 잡아주고 화를 내기도 하며 장난도 친다. 오늘날 교회가 속한 지역 사회와 원숭이의 지역 사회가 다른 점은 무엇인가? 그것은 사역이다. 우리가 진행하는 사역이 우리를 하나로 연결해준다.

초대 교회 크리스천들은 주님을 영접하고 그 지역 사회(교회)와 연결되지 않는다는 것은 그들로서는 상상도 못 할 일이었다. 교회가 단지 어떤 특정 사람들이 일요일에 모여 종교 행사나 하는 곳이 되어버렸다는 것은 정말 슬픈 일이 아닐 수 없다. 교회는 반드시 하나로 연결되어 투명성, 진실성, 그리고 신뢰성의 중심이 되어야만 한다.

변화된 삶을 교회가 열정적으로 추구하면 모든 지옥의 권세는 깨진다. 바로 이 일이 우리 교회에서 일어났다. 우리 교회는 작년에 약 75가정을 파송했다. 그럼에도 우리 교회는 약 400명의 새 신자들이 들어오며 계속 성장했다. 이들은 단순한 등록 교인이 아니다. 우리 교회에 등록하려면 반드시 소그룹에 가입해야 한다. 교회라는 공동체를 벗어나서는 결코 신뢰성을 찾을 수 없다는 사실을 잘 알기에 우리 교회 전체 출석 교인의 80%가 성경 공부나 기도 모임 등의 소그룹에 속해 있다.

함께 자리를 해서 어려운 문제들을 나누지 않는다면 우리는 제대로 된 삶을 사는 것이 아니다.

연결되는 것이 중요하다

친한 친구이자 그 당시 사역팀으로 일하던 앤디 윌리엄스가 내 사무실에 들러 좋지 않은 소식을 전했다. 교회 개척자 중 하나가 포르노 문제를 가지고 있으며 그 사실을 아내에게 들킨 적도 있다고 한다. 당사자인 그는 그것이 우연이며 다시는 그런 일이 없을 거라고 했다. 그러나 그에게는 그 외에도 여전히 다른 문제들이 통제 불능 상태에 있었으며 그것은 중독자에게는 당연한 일이었다. 재정적으로, 육체적으로, 그리고 도덕적으로 그의 삶은 망가져 있었으며 그는 도움이 필요했다.

그가 하는 사역의 여기저기에서 많은 다른 문제들이 나타나기 시작했다. 나는 그와 그의 아내를 만나서 말했다. "우리가 돕도록 하겠습니다. 어느 경우든 곁에 함께하겠습니다. 그러나 사역에서는 일단 손을 놓으셔야 합니다." 이런 말을 하는 것은 정말 끔찍한 경험이었다. 그는 사역을 내려놓을 준비가 되어 있었으나 그의 아내는 그렇지 못했다. 그녀는 힘든 어린 시절을 보냈는데 이제 와서 한동안이나마 누렸던 안정적인 삶이 모두 무너지고 있었기 때문이다. 2주 후에 그가 사직하는 날 앤디와 나는 그 교회를 방문했다. 결국, 그 교회는 살아남지 못했다. 지도력과 더불어 육체적, 영적 건강은 정말 중요하다.

이 부부는 우리 교회가 있는 지역으로 이주해 세를 얻고 노우스우드 교회에 다니기 시작했다. 이들은 요양소에도 가고, 소그룹에 가입했으며 서서히 회복되기 시작했다. 일반적인 세상 직업도 구하여 서서히 삶을 되찾아가기 시작했다. 이렇게 하는 것이 결코 쉬운 일은 아니었지만 이들은 우리가 권유한 대로(비록 그들이 원하던 바는 아니었겠지만) 순종했다.

우리 교회에서 함께 사역하는 조던 파울러 목사와 함께 그 해의 설교를 구상하면서 얼마나 많은 사역자들이 포르노 문제로 씨름하고 있는지 우리는 알게 되었다. 우리는 이 문제에 대해 시리즈로 설교를 하기로 했으나 너무 논란의 소지가 많을지 모른다는 생각을 했다. 나는 이런 설교 제목을 생각했다. "포르노-일단 손대면 당신은 파멸" 그러나 결국 우리는 설교 제목을 "포르-노(NO)"로 정했다. 만일 포르노 문제가 사역자들에게 그토록 큰 문제라면 일반 성도들에게는 얼마나 큰 문제겠는가?

우리는 모험을 하기로 하고 대량으로 이에 대한 문서도 발송했다. 소위 '종교적'이라고 하는 사람들은 이 일을 좋아하지 않았다. 항의 전화도 걸려왔다. 그러나 우리 교회는 사람들로 만원을 이루었고 이 설교 시리즈는 우리가 한 것 중 가장 성공적인 설교의 하나가 되었다. 우리 교회에는 이러한 중독 문제를 가지고 있던 심리학자도 있었고, 남편이 이런 중독 문제를 가지고 있던 여인 등 여러 사람이 있었다. 설교는 매우 강력했다. 우리는 후원 모임을 시작하기로 발표했다. '과연 등록하는 사람이 있을까?' 생각했지만 우리 생각은 완전히 빗나갔다. 지금은 여러 개의 후원 모임이 결성되었고 그 첫 번째 모임의 인도자는 다름 아닌 바로 앞서 말한 그 젊은 사역자였다. 그는 사람들에게 자신의 경우를 말했고 그것은 놀라웠다. 그는 큰 영향력을 끼쳤고 3년 후에는 다시 전문 사역자로 일할 준비가 되었다. 언제나 소망은 있는 법이나.

삶과 씨름하는 곳

제자도에 있어서 가능하면 여러 종류의 모임을 갖는 것이 꼭 필요하다는 것을 우리는 알게 되었다. 포르노라든가 기타 여러 중독 문제들은 전통적인 모임에서는 얘기하기가 어려울 수 있다. 그러나 이런 문제들을 뿌리치기 원하는 사람이 있다면 우리는 그들이 그 문제들과 싸울 수 있도록 장소를 마련해야만 한다. "중독 문제가 있으십니까? 바로 여기에 당신을 위한 곳이 있습니다."라고 나는 말하고 싶다. 올해는 정신적 건강과 정서적 건강이라는 두 가지 시리즈를 다루고 있다. 나는 "그들에게 필요한 것은 오직 예수"라고 관념적으로 믿고 있었다. 그러나 변화란 바로 인격의 변화라는 것을 알게 된 후에는 그것이 단순한 정서적인 문제가 아니라 제자도의 핵심임을 알게 되었다.

우리 교회에는 경제적 자유를 위한 모임인 LTG(Life Transformation Group: 삶의 변화를 위한 모임), 남성 모임과 여성 모임 등이 있는데 이 모든 모임은 사람들이 당면한 문제와 씨름하는 데 꼭 필요한 모임들이다. 지금까지 수백 명의 사람들이 이들 후원 모임을 거쳐갔다. 우리가 지역 사회를 변화시키고 세상과 연결되는 교회를 세우기 원한다면 반드시 자신을 정복한 사람들이 있어야만 한다. 이들 모임을 거친 사람들 중에서 지역적으로 또는 전 세계적으로 영향력을 끼치는 변화된 사람들이 많이 배출되었다.

개인적이지만 결코 혼자만을 위한 것일 수는 없다

히브리서 12장1-3절을 보면 '연결된다'라는 것이 무슨 의미인지 알 수 있다.

"이러므로 우리에게 구름 같이 둘러싼 허다한 증인들이 있으니 모든 무거운 것과 얽매이기 쉬운 죄를 벗어 버리고 인내로써 우리 앞에 당한 경주를 하며 믿음의 주요 또 온전하게 하시는 이인 예수를 바라보자 그는 그 앞에 있는 기쁨을 위하여 십자가를 참으사 부끄러움을 개의치 아니하시더니 하나님 보좌 우편에 앉으셨느니라 너희가 피곤하여 낙심하지 않기 위하여 죄인들이 이같이 자기에게 거역한 일을 참으신 자를 생각하라"

이 말씀을 보면 아무도 결코 혼자서 고립되어 사역할 수 없음을 알 수 있다. 나는 주님과 나만으로 모든 일을 할 수 있다고 생각했었다. 그러나 그것은 잘못된 생각이다. 우리에게는 그리스도의 온전한 몸이 필요하다. 물론, 주님만이 구원을 베푸시고 보호하신다. 그러나 주님은 우리가 성장하고 발전하도록 하기 위해 '고립'이 아니라 '지역 사회' 속에 집어넣으신다. 하나님께서 교회를 만드신 데는 이유가 있다. 우리는 지역 사회 속에서 살도록 창조되었다. 주님은 우리에게 믿는 자들의 모임인 교회를 저버리지 말라고 지시하셨다. 우리는 지역 사회라는 나라에서 태어났으며, 교회는 그 안에서 우리가 모여 사는 온상이다.

> *우리의 회심은 개인적인 일이다. 그러나 이는 나 혼자만을 위한 것은 아니다.*

나를 본받으라

우리는 크리스천의 삶을 너무 이상화 내지 관념화한 나머지 실제로 그렇게 사는 데는 실패한다. 왜 그럴까? 크리스천의 삶이란 원래 실제 그렇게 살 때 의미가 있다. 우리는 크리스천의 삶이란 단지 고상한 아이디어나 노력할 가치가 있는 정도로만 생각하지 실제로 크리스천의 삶을 살 수는 없다고 생각한다. 그러나 실제로 크리스천의 삶을 살 수 있다.

바울의 삶을 보면 크리스천의 삶이 가능하다는 것을 알 수 있다. 바울은 실제 크리스천의 삶을 살았다. 크리스천의 삶은 실천 가능하며 많은 사람이 그 삶을 살았고 지금도 살고 있다. 크리스천의 삶은 단지 고상한 아이디어나 꿈이 아니라 모든 믿는 자들의 실현 가능한 목표다.

바울은 "나를 본받으라"고 말했다. 솔로몬도 그의 아들에게 그런 말을 했다. 얼마나 강력한 선포인가! 우리 중 과연 얼마나 많은 사람이 "나처럼 하면 된다"고 말할 수 있을까? 바울이 그의 말대로 살지 못했다면 우리는 이를 교만이라고 할 수 있을 것이다. 그러나 바울은 그의 말에 걸맞은 삶을 살았다. 바울이 "나를 본받으라"고 한 것은 "나는 당신이 볼 수 있는 가까운 곳에서 살았다. 내가 사는 모습을 당신이 본대로 당신도 그렇게 살아라"는 말이다. 이 말을 들은 많은 사람들이 바울의 말대로 크리스천의 삶을 살았다. 크리스천의 삶을 산다는 것은 크리스천으로서의 경험을 더욱 값지고 풍성하게 해준다(당신 자신은 물론이려니와 당신을 지켜보고 있는 '허다한 증인들'을 위해서…).

연결되어야 주님께서 주신 소명을 이룰 수 있다

　세상을 변화시키는 일에 있어 우리는 개인적인 소명으로부터 공동의 소명으로 진전해야만 한다. 교회에 다니는 대부분의 사람들이 교회를 무슨 피난처, 친구들을 만나는 곳, 또는 격려와 위로를 받는 곳 정도로 생각한다. 교회는 그 이상이어야만 하지 않을까? 변화된 삶의 능력은 가히 폭발적으로 증가하지만 우리는 아직 그 능력이 최고조로 개발되지 않았다. 연구조사에 따르면 팀웍은 1) 모든 사람이 참여해야 하고, 2) 모든 사람의 의견이 반영된 중요한 목표가 있을 때에만 좋은 결과를 얻는다고 한다.[1] 그러나 팀웍이 오직 팀을 더욱 키우기 위해 팀웍 자체에 초점을 둔다면 좋은 결과를 얻을 수 없다. 우리 자신을 훨씬 넘어선 과제를 통해 우리는 한자리에 모여 진정한 협력 의식과 연결 의식을 가지게 된다.

　그러나 미국의 개인주의는 혼자서 자기 방식으로 일을 해내는 사람을 찬양한다. 우리 문화는 '황야의 외로운 방랑자'를 공동체로 이끄는 것이 아니라 오히려 찬양한다. 한 개인으로서는 바울처럼 독립심 강하고, 진취적이며, 열정적인 사람이 없는데 그러한 바울도 공동체와 연결하여 살았다. 동양에서 교회가 폭발적으로 성장하는 이유 중 하나는 서양처럼 개인주의적이고 자기중심적인 사고방식을 가지고 있지 않기 때문이라고 나는 믿는다. 베트남을 공산화시킨 초기에 호치민은 소련에 아시아를 무시하지 말라고 경고했다. 그는 공산주의가 서양보다는 동양에서 잘 될 거라고 예견했는데 그 이유는 동양 사람들은 훨씬 공동체적 사고방식을 가지고 살기 때문이라고 했다. 결국, 그가 옳았다.

기독교 메시지의 핵심은 십자가다. 모든 성도는 자기 십자가를 지고 다른 이들이 십자가 지는 것을 서로 도와준다. 그런데 서양에서의 기독교 메시지는 마치 자기만이 젊음의 샘이나 행운의 부적을 발견하기라도 한 듯이 보인다. 예수를 나의 하나님으로 받아들이면(예수를 나의 주인으로 받아들이지는 않는다) 그가 나에게 필요한 모든 것을 공급할 거라는 식이다. 연결을 통해 우리의 개인주의적이고 이기적인 사고방식을 깨뜨릴 수 있다. 그래야 우리의 격려와 위로가 필요한 사람들이 있음을 볼 수 있고, 우리 또한 그들로부터 격려와 사랑을 받을 수 있다.

> 지역 사회 공동체에 연결되면 서로 섬길 수 있으며 서로 영향을 끼칠 수 있다.

연결은 하나님의 나라를 보여준다

다른 믿는 자들과 연결된다는 것은 매우 중요하다. 왜냐하면, 우리가 연결됨으로써 우리는 신뢰성을 인정받는 크리스천으로서 살 수 있기 때문이다. 또한, 우리가 연결되는 것이 주님의 지상 명령을 이룰 수 있는 유일한 길이기 때문이다. 연결이 중요한 또 한 가지 이유는, 이 연결에서는 모든 한 사람 한 사람이 중요하기 때문이다. 다른 믿는 자들과 연결되어야 우리의 개인주의적인 사고방식을 깨뜨릴 수 있다. 다시 말하지만, 우리는 다른 믿는 자들과 연결되어야 한다. 우리가 연결됨으로 해서 장차 우리가 갈 천국의 모습을 이 땅에서 보일 수 있기 때문이다.

하나님의 나라에서 중요한 것은 우리가 얼마나 함께 잘 지내느냐 하는 것이다. 우리가 연합되지 않으면 우리는 침묵하게 되며, 우리의 메시지는 약해지고, 우리의 영향력은 실종되며, 우리의 교제는 산산조각이 난다. 사실, 이것이 오늘날 교회의 상태 아닌가! 오늘날 사람들은 두 가지 이유로 이 교회에서 저 교회로 옮겨 다닌다. 하나는 자신에게 동조해줄 사람들을 찾기 위함이고, 다른 하나는 자신의 죄를 너그럽게 보아줄 사람들을 찾기 위함이다.

> 미국 교회의 가장 큰 장애물은 외부로부터의 공습이 아니라 내부에서의 싸움이다.

주님은 비유로 천국의 개념을 자세히 설명하셨는데, 그것은 바로 공동체를 의미한다. 주님은 우리를 떠나지도 버리지도 않으신다고 약속하셨을 뿐 아니라 우리가 함께 살아갈 공동체를 세우셨다. 고린도전서 12장에서 바울이 말했듯 주님은 우리를 한 몸으로 만드셨다. 그러나 우리는 너무도 빨리 벽, 그룹, 그리고 마음에 드는 지도자를 세움으로써 한 몸을 산산이 부숴버렸다. 그래서 우리에게는 일치된 하나의 목소리도 없고 강력한 영향력도 없게 되었다. 세상이 우리를 알아보는 오직 하나의 길은 우리가 서로 사랑하는 것이라고 주님은 말씀하셨다. 정말일까? 겉보기에는 착한 많은 사람들이 이에 대해 회의적인 것 같다. 특히, 어떤 이슈에 대해 반대 입장에서 서로 싸울 때 말이다.

연결에 대한 모델 제시

어느 해인가 나는 오직 산상수훈에 대해서만 설교를 한 적이 있었다. 그 핵심은 만약 어떤 사람이 변화되고 있다면 그는 분명 신뢰성, 사역,

묵상 기록, 복음 전도 및 기도를 위해 소그룹에서 투명한 연결을 할 것이라는 것이다. 우리 교회에서는 주일 아침에 들은 설교를 그 한 주 동안 지내며 묵상하고 실제적으로 적용하며 그것을 노트에 적게 했는데 우리는 그 노트를 노우스우드 노트라고 부른다. 우리 교회 대부분의 소그룹 모임이(우리 교회는 이것을 팀Team이라고 부른다.) 순종함으로 이 노트를 잘 적고 있다. 우리 목표는 복음 전도와 제자도 사이에 매끄러운 전환이 있도록 하는 것이다.

우리는 1) 하나님과의 상호 관계에서 시작해 2) 다른 사람들과의 투명한 연결을 거쳐 3) 지역 사회와 전 세계에 임팩트를 끼치는 일로 발전해야 한다. 즉, 우리의 내부 변화에서 시작하여 그것이 바깥으로 섬김을 통해 표현되어야만 한다.

마이크는 '종교적'인 삶을 살다가 나이가 들면서 종교와는 거리가 먼 삶을 살았다. 그러다가 그의 가장 친한 친구의 동생이 죽자 그 장례식에서 노우스우드 교회의 목사 중 하나인 랜디 밀러의 설교를 듣게 되었다. 그는 우리 교회를 방문할 결심을 했다. 몇 개월이 지나 그는 자신의 마음을 주님께 드리고 침례를 받았다. 그는 소그룹 모임에 가입해 활동하다가 청장년 사역을 담당했다. 그의 아내와 딸은 노우스우드 교회에서 진행하는 해외 선교 사역을 함께 가기도 했다. 그가 40세 되는 생일 날, 멕시코 간쿤의 해변에서 휴가를 즐기던 그는 갑작스런 파도의 충격으로 목이 부러져 죽고 말았다. 그가 침례를 받은 지 정확히 4년째 되는 날 우리 교회에서 그의 장례식을 거행했다. 많은 조문객들이 교회를 가득 채웠다. 많은 사람들이 마이크의 삶이 변화되는 것을 보았다. 몇 개월 지나지 않아 그날 방문한 조문객들 중 상당수가 주님을 영접하고 침례를 받았다.

최근에 나는 예배에서 설교 중이었는데 마이크의 변화된 삶을 보고 믿게 된 3명의 남자가 회중석에 있는 것을 보았다. 마이크가 영향을 끼친 사람들 중 어떤 이들은 소그룹에, 어떤 이들은 후원 모임에, 어떤 이들은 이제 막 홀로 서기를 시도하고 있다. 이것이 마이크의 삶이다. 그는 지역 사회와 연결되었으며 그의 변화된 모습을 보고 다른 사람들도 그런 삶을 원하게 만들었다. 그리고 이제 그들 역시 그러한 변화된 삶을 살게 되었다. 마이크의 삶은 결코 '황야의 외로운 방랑자'의 삶이 아니었다.

깊이 생각하고 논의할 문제들

1. 사람들과의 관계에서 투명해지는 일이 왜 그토록 어려울까?
2. 공동체에 속함으로써 얻는 네 가지 유익은 뭘까?
3. 사람들이 모임에 참여하지 않는 가장 주된 이유는 뭘까?
4. "주님과 나만 이라면 뭐든 할 수 있어." 이 말에 동의하는가? 아니면 동의하지 않는가? 이유는?

6

교회가 선교사라면…?

글로컬 임팩트

삶, 사역, 그리고 직업의 통합-개인의 직업과 사역을
연결해주는 교량으로서 지역적으로 동시에
전 세계적으로 지역 사회 개발을 망라한다

"오, 주님, 제발 잠들지 않게 저 좀 도와주세요." 레이톤 포드와 미국의 여러 주요 종교 지도자들이 복음 전도에 대해 우리에게 도전하는 회의에서 이것이 내가 할 수 있는 마지막 기도였다. 레이톤은 남서부 신학교에서 이 회의를 주관하고 있었고 도움이 필요하다기에 내가 자원했다. 우리 집은 회의장에서 30분 거리기에 교회에서 일을 하고 출발하면 회의가 시작하기 직전에 도착할 수 있었다. 하루 종일 교회에서 일하고 나니 저녁 회의 무렵에는 몹시 지쳤다. 게다가 회의 도중 필름을 보여주는데 그 가물거리는 불빛은 나를 잠으로 유혹하고 있었다.

그 필름은 전 세계 미전도 종족에 대한 것이었는데 다행히도 회의가 본격적으로 시작될 무렵에는 잠들지 않고 자리를 지킬 수 있었다. 지금껏 한 번도 복음을 접하지 못한 문화가 전 세계 이곳저곳에 있으며 예수 그리스도라는 이름을 들어보지도 못한 사람이 그토록 많다니! 나는 강연을 들으며 가슴이 뛰기 시작했다.

내가 신학교를 졸업할 무렵, 내 아내와 내가 제일 먼저 한 일은 외국에 선교사로 지원하는 일이었다. 어려서부터 나는 외국으로 가기를 소원했다. 여러 가지 이유로 그 일은 이루어지지 않았고 나는 참담했다. 당연히 선교사가 될 것이라 생각했기에 선교에 대한 추가 과목까지 이수했는데…. 심지어 아내인 니키와의 결혼 문제도 그녀가 정말 선교사로 외국에 가는 일에 마음이 열려있는지 내가 확실히 알 때까지는 결혼도 안 하려 하고 있었다. 그 후로도 두 번이나 지원했지만 선교사의 꿈은 결국 이루어지지 않았다.

그날 회의가 끝나고 밤에 집에 돌아오면서 나는 화가 났다. 차 앞 유리창을 뚫어져라 바라보며 하나님께 말씀드렸다. "하나님, 아시잖습니까, 제가 얼마나 선교사로 나가고 싶어하는지를……. 저는 그것을 위해 교육도 받았다구요. 그리고 저는 위험을 두려워하지 않는 사람입니다. 저는 선교사로 나가고 싶은데 주님은 지금까지 허락을 하시지 않고 계십니다. 그렇다면, 도대체 왜 저를 오늘 그 회의에 앉아 있게 하신 겁니까? 저는 선교사로 가기를 원하는데 갈 수가 없단 말입니다!" 정적만이 흘렀다. 나는 계속 절망하고 고통스러울 뿐이었다.

다음날 아침, 일어나 교회를 향하며 나는 여전히 하나님께 투덜거렸다. 그런데 이번에는 하나님께서 아주 강력한 방법으로 내게 말씀하셨다. 이 무렵 나는 노우스우드 교회에서 목회하면서 주님만으로 충분하다는 것을 경험하며 많은 영향력을 받고 있던 때였다. "교회란 정말 어떤 모습이어야 하는가?"에 대한 새로운 비전을 가지고 전미에 걸쳐 여러 개의 교회를 세우기 시작하고 있던 중 주님은 내게 이런 감동을 주셨다. "밥, 너는 지금까지 교회 목회와 하나님의 나라를 남들과는 다른 방식으로 생각해왔다. 이제는 한번 선교라는 것을 다른 방식으로 생각해 보았으면 싶구나." 그리고 나서 다른 질문이 내 마음속에 들어왔고 그 질문은 우리 교회의 방향과 하나님 나라의 확장에 대한 나의 이해를 완전히 바꿔버렸다. "교회가 선교사 역할을 하면 어떨까?"

하나님을 섬길 준비

이렇게 해서 글로컬 임팩트라는 변화된 삶의 세 번째 개념이 구체화되었다. 일단 하나님과의 상호 관계가 시작되면 우리는 지역 사회에서 신뢰성을 회복하고 다른 사람들과 긴밀한 관계를 가지면서 살게 된다. 그리고 마침내 하나님을 섬길 준비가 된다. 어떤 사람들은 뉴스에서 노우스우드 교회가 끼치는 글로컬 임팩트에 대해 듣고 그 일에 동참하고 싶어 우리 교회를 찾아 온다.

> 지역적으로 또한 동시에 전 세계적으로 그 지역 사회를 섬기라고 모든 성도에게 도전하는 곳에 글로컬 임팩트가 있다.

나는 모든 성도가 지역적으로, 동시에 전 세계적으로 참여하기를 원한다. 이처럼 지역과 전 세계 양쪽에 초점을 맞추면 자신을 향한 하나님의 소명을 이해하는 데 도움이 되며, 어떻게 하면 크리스천들이 세상을 변화시킬 수 있는지, 또 그 일을 이루기 위해 자신의 직업을 어떻게 이용해야 하는지 이해할 수 있게 된다. 사람들이 직접 참여하기 시작할 때 엄청난 영적 성장이 이루어지는 것을 우리는 바로 이곳, 우리 교회에서 보고 있다. 그리고 바로 이때부터 또 다른 교회를 세우는 역사가 일어난다. 우리 교회는 온 세계와 연결되기 전에는 미국 내에서조차도 교회들을 변변히 세우지 못했었다.

구식 종교

역사적으로 선교에서 지역 교회의 역할이란 전 세계에 있는 잃어버린 영혼들을 위해 기도하고 선교사에게 돈을 조달하는 정도였다. 혹시

운이 좋으면, 교회에서 젊은 부부가 선교사로 부름을 받고 이 세상 어딘가를 향해 갈 수도 있다. 나머지 교인들은 가끔 게시판에 붙는 글을 보고 그 선교사 부부의 근황을 알지만 결국 연락이 끊기고 만다. 어떤 교회는 아주 혁신적으로 교인들을 미션 트립(선교 여행)에 참여시켜 외국으로 가기도 한다. 그러나 대부분의 경우, 이러한 선교 여행은 현지 선교사에게 적잖은 부담이 되기도 하며, 참가자들은 고작해야 좋은 추억을 남기려고 사진이나 비디오 찍는 데만 열중한다. 이러한 서양의 크리스천들은 고작 자신을 즐겁게 하는 것 외에는 하나님의 나라나 문화에 아무런 영향력을 끼치지 못한다.

여기에 더해 소위 '선교 중심'이라고 외치는 교회들은 매년 크리스마스 때마다 세계 선교라는 거창한 구호를 내걸고 선교사들을 초청해 말씀을 전해달라고 한다(대부분의 경우 선교 보고는 지루하다). 이것이 소위 말하는 '선교 중심'이라는 것 아닌가? 나는 이 단어가 정말 싫다. 선교란 하나님의 나라에 참여하는 것을 말한다. 선교란 우리가 하나님의 나라를 몸소 실천하며 살 때 자연적으로 나타나는 결과지 교회가 하는 활동 중 하나인 부속물이 결코 아니다. 선교는 교회 그 자체. 성인 남녀나 어린이들에게 선교에 대해 교육을 하는 많은 기관들이 있었고 지금도 있다. 그러나 지역 교회를 총동원하여 선교에 직접 참여케 한다는 개념은 아직 우리에게 생소하기만 한 실정이다. 더구나 앞에 얘기한 그런 연례행사가 끝나면 선교란 말 그대로 '안 보면 멀어지게' 된다.

내가 보며 자란 선교란 다음과 같은 것이었다. 목사가 일어나 헌금을 반 강요한다(그는 '선교 중심'이란 말을 듣고 싶었던 거다). 그리고 그 돈은 교단 본부에 전달되어 다시 해외 선교위원회로 전달되어 거기서 다시 다른 나라로 전달된다. 그 다음 그 나라에서 현지 선교사에게 전달된다. 그리고 마침내 그 선교사들로부터 열방으로 전달된다. 감이 잡히는가? 이들 과정은 우리 보통 사람들과는 너무나 동떨어져서 정작 현지에서 필요한 것은 무엇인지, 또 그들이 하는 일은 무엇인지 도통 알 수가 없다.

이런 방식이 정확히 내가 따르던 방식이었다. 내가 아는 것이라곤 그게 다였으니까. 우리 교회에서 세계 선교를 위한 헌금을 하던 그 첫해의 기억을 지울 수 없다. 남부 침례교회의 유명한 선교사인 로티 문(Lottie Moon)을 기리기 위한 헌금이었는데, 그녀는 중국에서 선교하다가 굶어 죽었다. 나는 일어나 로티 문을 위한 헌금을 하자고 열정적으로 외쳤다. 우리 교회 신자는 아니지만 그날 방문한 이웃 한 사람이 내 아내에게 슬쩍 몸을 기울이며 속삭였다. "로티 문이 누구예요?"

아내가 대답했다. "선교사인데요, 몇 해 전에 죽었어요."

그 이웃 사람은 정말 진지하게 다시 물었다. "시신을 고국으로 모셔오려고 모금하는 건가요?"

그 시점에서 나는 깨달았다. 다른 시대에 활동한 존경받는 믿음의 영웅들은(종종 오랫동안 완전히 잊혀진) 젊은 신자들에게 전혀 동기부여가 되지 않는다는 사실이다. 우리에게는 다른 사람들이 볼 수 있고 만질 수 있는 새로운 믿음의 영웅들이 필요하다. 그리하여 선교란 구식 종교의 산물이 아니라 할 수 있는 한 오늘날의 모든 교회가 동참해야 하는 것임을 깨닫게 해야 한다.

이것이 내가 여기에 있는 이유인가?

"교회가 선교사의 역할을 감당하면 어떨까?"라는 질문은 내게 너무 압도적이어서 나는 차를 길가에 세워야만 했다. 그것은 마치 폭탄이 내 마음에 떨어진 것만 같았다. 나는 흐느끼기 시작했다. 그리고 하나님께 질문했다. "오, 주님, 이것이 주님께서 저를 목사로 남겨두신 이유인가요? 이것이 내가 여기에 있는 이유인가요?" 다시 한 번 다른 여러 질문들이 연속으로 날아왔다. 주님의 지상 명령은 지역 교회에 주어진 것이 아니었을까? 선교 사역이 교회의 핵심 요소라면 어떤 모습일까? 그때까지만 해도 잘 알지 못했던 하나님 나라에 대해 이해가 되기 시작했다. 심지어는 지역 교회가 선교사로서 사역을 감당하는 데 대한 새로운 지평이 열리며 깨달음이 오기 시작했다. 그렇다! 선교는 단지 몇 번 선교 여행이나 다녀오면 되는 그런 것이 아니다!

어떻게 교회가 선교사가 될 수 있는가? 나는 며칠 동안 이 문제를 생각했다. 우선 나는 선교사의 정의를 내리는 것부터 시작했다. 물론, 복음을 접할 기회가 전혀 없거나 힘든 이들에게 가서 그리스도의 복음을 전하여 믿음에 이르게 하고 영적 성장을 돕는 것은 사람인 선교사다. 교회도 그렇게 할 수 있는 것 아닌가?

선교사는 무엇을 가지고 가는가? 이들은 어떤 희생을 치르든 선교지의 사람들에게 하나님의 말씀, 사람들에 대한 사랑, 그리고 그리스도의 사랑을 가지고 간다. 교회는 무엇을 가지고 갈 것인가?

주님의 지상 명령은 누구에게 주어진 것인가? 교단에 주어졌는가? 선교 대행업체에 주어졌는가? 주님의 지상 명령은 지역 교회에 주어졌다는 것을 나는 점차 이해하기 시작했다. 내 생각은 결코 혁신적인 것이 아니다. 그것이 원래 주님의 의도였다. 주님의 지상 명령은 지역 교회에 주어졌으며 따라서 지역 교회가 수행해야 한다. 그렇다면 지역 교회는 어떻게 이 책임감을 다시 회복할 것인가? 내가 확실히 아는 한 가지는 기존의 선교 교육이나 인식으로는 교회를 동원해 세상에 나가도록 할 수 없다는 것이다(단지 "세상 어딘가에는 하나님을 필요로 하는 사람들이 있다"고 교육하는 방식에서 벗어나야 한다). 교회가 어떻게 이 일을 수행할 수 있을까? 나는 이런저런 생각을 하기 시작했다.

만일 노우스우드 교회가 한 국가 전체를 맡으면 어떨까? 중국은 어떨까?

한 교회가 어떻게 이 일을 수행할까 생각하며 나는 즐거움에 빠졌다. 교회가 이 일을 할 수 있는 방법을 생각하기 시작했다. 구체적으로 말하면, 글로컬 임팩트(지역적으로 동시에 전 세계적으로 세상에 임팩트를 줄 수 있는 직업과 사역 사이의 상호 관계)란 용어를 생각하기 시작한 것이다. 우리의 재능과 직업이 세상을 변화시키고자 하는 열정으로 한데 뭉친다면 그 효과는 엄청날 것이다. 교회는 실제적이고 명백하게 세상을 변화시킬 것이다(우리는 장기적인 안목으로 이 일을 진행하며 무슨 반대급부를 바라고 하는 것도 아니다). 하나님께서 우리에게 주신 이 기회에 응답하기 위해 우리는 그저 책상에 앉아 하는 것이 아니라 섬김과 사역이라는 맥락에서 제자도를 발전시킬 것이다. 이것이 우리가 해야 할 일이다.

T-라이프 모델

우리가 변화될 수 있는 유일한 길은 아래 그림에서 보듯 T-라이프의 세 가지 요소가 상호 역동적으로 진행될 때다. 이 세 가지 요소는 마치 바퀴의 살과 같아서 계속 역동적으로 움직인다.

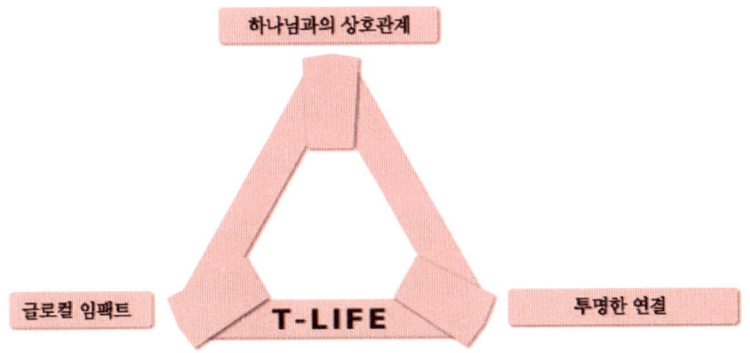

이는 1단계, 2단계 하는 식이 아니라 성령을 통해 그 운동량과 에너지가 변화를 더욱 가속시키는 순환구조와 같다. 하나님과의 상호 관계나 투명한 연결 면에서 교회는 어느 정도 경험이 있다. 그러나 글로컬 임팩트면에서는 종종 큰 실수를 하고 만다. 즉, 우리의 삶과 일을 통합하는 데는 실패한다. 우리는 선교사에게 그저 돈으로 후원하면 된다고 생각했다. 그러나 나는 이제 당신에게 제안한다. 교회가 바로 선교사다. 교회의 모든 한 명 한 명이 다 선교사다.

미션으로의 동원

주님의 지상 명령이 전체 교회에게 주어진 것이라면 반드시 전 교회가 참여해야 하는 것이지만 과거와는 다른 방식이어야만 한다. 전문 선교사가 아닌 일반 직업인들이 선교의 영웅이 될 수 없는 이유라도 있는가? 일반 직업을 가진 선교사들의 이야기는 책에 있는 것이 아니라 바로 우리 옆에 있지 않은가! 교회가 선교의 주체가 되어야 한다고 나는 확신하게 되었다. 과거처럼 돈이나 보내는 방식이 아니라 실제로 "선교지로 나가야" 한다. 단지 기도로 후원하는 것이 아니라 실제로 선교지로 나가 전략적으로 참여해야 한다.

교회는 하나님께서 주신 사명을 저버림으로써 세계 선교에 대한 권위를 잃어버렸다. 그동안 교회는 하나님께서 주신 사명을 특정 그룹이나 개인에게 미뤄왔다. 우리는 뒤에 남겨진 채로 단지 기도한다는 아주 쉬운 길을 택했다. 이는 영적 변명이다. 뒤에서 물질로 후원한다는 것은 어느 면에서 고통 없는 길을 택한 것이다. 실제로 선교에 참여해야 우리가 해야 할 몫을 하는 것이다. 이제 우리는 '선교 교육'에서 벗어나 '선교 참여'로 급격한 비약의 과정에 서 있다.

교회는 주님의 몸으로서 그리스도의 이름으로 주님을 대표하며, 사람들을 주님께 부르고, 주님의 진리를 실천하고 나누며, 주님을 통해 이 세상의 상처를 치유하며 세상에서 활동하는 존재다. 이제는 어떻게 하면 몇몇 개인이 아니라 교회 전체를 동원하여 세상을 향해 전진하는 가 하는 것이 문제다.

교회가 선교사의 역할을 감당해야 한다고 생각한 지 얼마 안 되어 그것은 교회의 기능뿐 아니라 일반 성도들과도 마찬가지로 깊이 관련되어 있다는 것을 깨닫게 되었다. 얼마나 많은 사람이 어렸을 때 나처럼 선교사가 되는 꿈을 가졌다가 이런저런 이유로 이뤄지지 않았는지 나는 궁금해지기 시작했다. 우리 교인 중에 그런 부부가 있다는 것을 나는 이미 알고 있었다.

> 분명한 것은, 하나님 나라를 확장하는 매체는 교회라는 사실이다.

그래서 어느 주일날 아침, 예배 시간에 즉흥적으로 회중들에게 질문했다. "여러분 중 어렸을 때 혹은 십대 때 하나님으로부터 선교사로 소명을 받았다고 느낀 분이 몇 명이나 됩니까? 아주 잠깐일망정 심각하게 선교사가 될 것을 생각해본 분이 몇 명이나 됩니까?" 정말 놀랍게도 교인의 3분의 1 이상이 손을 들었다. 우리 교회의 3분의 2가 전에는 전혀 교회라고는 발을 들이지 않았던 사람들이라는 것을 고려하면 이는 엄청난 숫자였다. 나는 생각했다. '이것은 단지 우연일까? 어떻게 이렇게 많은 사람이 그렇게 느꼈을까? 만일 하나님께서 장차 하시고자 하는 일을 준비시키기 위해 오래 전에 미리 이들에게 말씀하신 거라면……? 초대 교회 이래 어느 교회도 본 일이 없는 그런 일을 하나님께서 미리 이들에게 말씀하신 거라면……?'

하나님께서 정말 그들에게 소명을 주셨다면…

나는 심각하게 자신에게 질문하기 시작했다. '하나님께서 정말 이들을 불렀던 것일까? 하나님께서 장차 하실 일을 위해 이들을 IBM이나 모빌(Mobil) 회사에서 일하게 하셨거나, 변호사, 의사, 사업가 외에 여러 직업을 가지게 하신 것이라면……?' 장래에 커서 선교사가 되겠다고 아이가 말하면 그에 대한 전형적인 반응은 "와, 정말 착한 아이구나!" 하는 것이었다. 이제는 이렇게 말해보면 어떨까? "우와, 역시 하나님이시구나!"

초대 교회는 유대인 지도자들과 로마의 박해로 흩어졌기에 폭발적으로 성장했다. 크리스천 무역상들이 무역로를 따라 여행하면서 복음은 무역 도시마다 뿌리를 내렸다. 나는 또 자신에게 질문했다. '오늘날 우리가 사용하는 공용어와 통신 수단은 뭔가?' 초대 교회와 똑같다는 것을 나는 깨달았다. 바로 사업적인 환경이다. 세상이 급격하게 변하고 새로운 세계 질서는 사업과 정보 교환에 초점을 맞출 것이라는 것을 하나님께서 미리 아시고 그의 군사를 민족과 인종을 뛰어넘어 모든 문화 구조에 편재하도록 하신 거라면……? 하나님께서 정말 이 일을 작정하신 거라면, 이제 중요한 도전은 교회가 그것을 깨달을 것이냐 아니면, 1792년 이래 해오던 똑같은 방식으로 선교를 할 것이냐가 문제다.

직장과 선교의 통합에 대한 생각이 마음속에 구체화된 때가 이때였다. 기존의 선교사들은 들어갈 수 없는 폐쇄된 곳으로 우리 교회가 들어가자고 마침 성도들에게 도전을 주고 있던 터였다. 그러니 이를 위해서는 일반 성도들의 직업이나 배경보다 더 안성맞춤이 어디 있겠는가!

오늘날 어떤 선교사들은 그런 나라에 들어가려고 사업가나 무역상이 되려 애쓴다. 실제 능력을 갖춘 사업가나 무역상들이나 들어갈 수 있는 그런 나라에 아직 능력도 갖추지 않은 설익은 상태로 그 나라에 들어가려고 애쓴다는 것은 참으로 애석한 일이

> *선교사는 들어갈 수 없는 나라들이 있다. 그러나 당신은 그 나라를 실제적으로 도울 수 있는 사업가, 의사, 교사, 복지사업가 등 직업인으로서 그 나라에 들어갈 수 있다.*

아닐 수 없다. 당신이 그동안 어떤 말을 들었는지는 모르겠지만 '폐쇄된 나라'라는 것은 없다. 교회에는 이미 직업에서 익힌 정보와 기술 교환을 통해 그 나라의 영역에 들어가 있는 사람들로 충만하다. 이들이 필요한 것은 단지 어떻게 자신의 믿음을 나누느냐 하는 문제다. 이들은 하나님으로부터 소명을 받았을 뿐 아니라 하나님께서 주신 소명을 이루기에 가장 적합한 사람들이다.

세상이 이제껏 본 적 없는

분명 하나님께서 이들을 불러 선교의 새 지평을 열고 계시다는 확신이 들었다. 전에는 선교에 관해 뭔가 '새로운 것' 하면 주로 '전략' 문제였다. 그러나 개인의 직업과 사역을 한데 엮는 것은 전략 차원을 훨씬 넘어서서 선교 세력과 사람 그 자체에 이르는 문제다. 세계화는 일반 성도의 역할을 완전히 새로운 선교 세력으로 바꾸었으며 이들에게 세계를 향한 문을 활짝 열어주었다. 이들은 초대 교회 이래 세상이 본 적 없는 새로운 선교 세력이다.

이제는 교회가 그 험난한 곳으로 출항할 때며 '선교 사역'에 대한 정의를 다시 내려야 할 때다. 어디를 가고 무엇을 하든 오늘날 우리가 하는 선교 사역의 대부분은 단지 우리를 만족시키는 수준이다. 쉬운 곳으로 가고 우리가 원하는 것을 할 수 있는 곳으로 간다. 그렇게 해서

정말 세상을 변화시킬 수 있을까? 우리를 가장 필요로 하는 곳에는 뭔가 다른 방식의 접근이 필요하다.

그러한 곳은:
- 교회 건축이 금지되어 있다.
- 성경 공부가 금지되어 있다.
- 전도지 배포가 금지되어 있다.
- 그러나 당신의 기술이나 지식을 가지고 와서 그 나라 개발에 도움을 주는 것은 허용된다. 바로 이 관계를 이용해 당신의 믿음을 일대일로 나눌 수 있다.

이에 대한 대부분의 반응은 "흠, 그건 선교가 아니잖아요!"이다. 초대 교회로 돌아가 보자. 선교는 빌립이나 이디오피아의 환관과 같은 사람들이 세계를 여행하며 개인적인 관계를 이용해 이루어졌다. 이 일은 분명 오늘날도 이루어질 것이다. 신약성경이 증명하고 있지 않은가!

선박에서 마이크로칩으로

사람들이 종종 내게 더 이상 '선교사'를 인정하지 않느냐고 질문을 한다. 지금까지 우리 교회에서 12명의 직업 선교사를 파송한 사실을 고려하면 이에 대한 답이 되지 않을까 싶다. 내가 선교사라면 선교 단체나 교단과 연결되기보다는 내가 사랑하는 만큼이나 선교지 사람들을 사랑하는 교회와 연결해서 사역을 할 것이다.

내가 명명한 하나님 왕국화(kingdomization)와 세계화의 조합은 '선교사(missionary)'로부터 '왕국 순례자(kingdom pilgrim)'라는 새로운 개념을 요구한다. 완전한 변화란 즉석에서 일어나는 것이 아니라 영적 순례의 과정이다. 이러한 개념은 우리가 보통 생각하는 전적인 선교 사역은 아니다. 전통적 개념의 선교에서는 오직 주기만 할 뿐이지만, 순례 여행은 주기도 하고 받기도 한다. 이 세상은 우리의 집이 아니다. 우리는 단지 순례자다. 하나님을 알아가고 사람들을 사랑하며 이 세상을 지나갈 뿐이다. 우리의 삶은 관계로 점철된 여행과도 같다. 하나님의 나라를 위해 산다는 것은 순례자의 삶이며, 하나님과 함께하는 그 여행을 배우며 즐긴다는 것을 의미한다.

하나님께서는 이전에 우리가 보아오던 것과는 전혀 다른 새로운 부류의 왕국 순례자를 일으켜 세우시고 있다고 나는 믿는다. 지난 200년 동안 선교 사역은 윌리엄 케리가 했던 방식을 그대로 답습해왔다. 즉, 한 개인이 어떤 나라에 살면서 일생 동안 선교 사역을 하는 방식이었다. 사람들은 수동적으로 복음을 받아들이고 그것을 친구들에게 전파했다. 이것은 여행, 탐험, 그리고 다른 나라 사람들에게 이르기 위한 주요 수단이 선박이던 시절의 유일한 방법이었다.

이제는 선박에서 마이크로칩으로 옮겨진 시대에 우리는 살고 있다. 모든 나라와 모든 문화가 교육과 정보에 접근하기 훨씬 쉬워졌다. 인터넷만 이용하면 지구 반대편에 사는 사람들의 문화와 삶이 어떤지 알 수 있다. 발달된 문명 덕에 이제 우리는 더 이상 차단된 환경에서 살지 않는다. 서양과 동양이 이미 만났고 하나로 통합되고 있다는 사실을 기억해야만 한다. 동양은 가난할지는 모르나 무지하지도, 또 우리 서양에 종속적이지도 않다. 중국 교회의 경우, 우리 없이도 너무나 잘하고 있는 것이 현실이다.

글로컬 임팩트에 대한 이해를 돕기 위하여

만약 우리 목표가 우리 교회 일반 성도들을 왕국 순례자인 새로운 선교 세력으로 전환하는 것이라면, 이들이 효과적으로 사역을 수행할 수 있도록 교육하는 새로운 방법을 개발해야만 한다. 최근 새신자 모임에서 나는 각 사람의 직업이 무엇인지 물어보았다. 그들의 직업을 이용해 세상을 변화시킬 수 있다는 것을 설명하는 것은 내게 퍽 신나는 일이다. 우리는 그들에게 자신이 속한 지역 사회뿐만 아니라 온 세상과 연결되어 섬기는 방법을 찾도록 도와준다. 이들은 양쪽 즉, 지역적이면서 동시에 전 세계적인 영역에서 살아야 한다. 그것이 글로컬의 삶이다. 복음 전도와 제자도를 실천해야 한다는 말이다. "이 중 어느 한 가지가 더 중요하다"고 강조하면 단지 우리의 허약함을 나타낼 뿐이지 결코 성공적일 수 없다. 교회는 반드시 양쪽 둘 다 강조해야 한다. 사역이란 이곳과 동시에 저곳이며, 세속적이면서 동시에 신성하며, 복음 전도와 동시에 제자도를 실천해야 하는 등 이런 예는 얼마든지 있다.

T-라이프의 두 가지 요소를 1) 하나님과의 상호 관계 2) 투명한 연결, 세 번째 요소인 글로컬 임팩트와 결합하면 당신은 이제 이 순례의 길을 시작할 모든 요소를 갖춘 것이다. 나는 이것을 깨달을 정도로 똑똑한 사람이 아니다. 하지만 하나님께서 우리에게 반드시 있어야 할 이 모든 요소들을 내게 보여 알게 하셨다. 이 중 하나라도 빠지면 오늘날 우리 교회가 하고 있는 일은 결코 이루어지지 않았을 것이 분명하다.

바울의 경우를 보면 어떻게 T-라이프의 3가지 요소가 서로 연결되는지 이해할 수 있다. 바울은 신약의 가장 위대한 신학자이자 그리스도를 직접 만난 신비한 사람이다. 그는 또한 신약시대 초대 교회의 가장 위대한 선교사이기도 하다. 그래서 바울은 다른 사람들을 그토록 훌륭하게 인도할 수 있었다. 중요한 것은 종착지 그 자체가 아니라 땅 끝까지 그리고 영원까지 이어지는 '그리스도 안에 거하는 삶'에 있다는 것을 바울은 자신의 삶으로 본을 보여 가르쳤다.

왜 T-라이프여야 하는가?

우리 교회에서 가장 신실하다고 생각되는 한 남자가 수년간 미뤄오다가 마침내 베트남으로 향했다. 그는 다른 나라에 가서 사역을 한다는 것에 대해 한 번도 마음을 열어본 적이 없었다. 그는 해외선교란 어떤 특별한 사람(자신을 제외한)만이 하나님의 부르심을 받아서 하는 것으로 보고 있었다. 그리고 그에게는 그것을 증명할 수많은 변명거리가 있었다. 그가 마침내 교회의 다른 사람들과 베트남에 간다고 했을 때 내가 얼마나 놀랐는지! 그가 베트남에서 돌아왔을 때, 성도들 앞에서 그의 경험을 얘기해 달라고 자연스럽게 부탁하며 질문했다. "스스로 많은 변화가 있었나요?"

그와 미리 말을 맞춘 것도 아닌데 그는 조금도 주저 없이 회중에게 말했다. "이제껏 제가 경험한 것 중 가장 커다란 배움이자 영적으로 성장하는 경험이었죠."

나는 다시 물었다. "당신 자신의 제자도 문제와 관련해서 그것을 받쳐줄 만한 어떤 확고한 기반을 얻었다고 생각하나요?" 다른 많은 사람들은 머릿속에 복음 전도나 그가 다른 사람들을 위해 얼마나 좋은 일을 했는가를 떠올리고 있었을 것이다. 그러나 내가 원한 것은 그 일을 통해 그의 삶이 어떻게 달라졌나 하는 것이었다. "물론이죠!" 그는 진심으로 대답했다.

우리의 목표는 사람들이 하나님의 음성을 듣고 순종하는 용기를 가질 수 있도록 환경을 조성하는 것이다. 이제 교회에 대한 정의가 '본질적이지 않은 외적 변화가 아니라 성도 한 사람 한 사람의 인격의 변화'

로 다시 정립되고 있다. 이런 교회는 과장된 선전이 아닌 실체에 근거해 성장하고 영향력을 끼친다. 그 결과 성도들은 내적으로 성장할 뿐 아니라 그들이 하나님께 순종하고 주님의 뜻을 따르면서 교회는 외적으로도 성장한다.

당신은 변화되었는가?

> 세상을 변화시키라는 그 메시지의 강도는 우리 내면에서 일어난 변화의 정도에 비례한다.

도대체 개인적인 변화가 하나님 나라의 확장이나 사역과 무슨 상관이 있단 말인가? 모든 면에서 상관이 있다. 문제는, "당신은 침례 받았습니까? 회심하셨습니까? 교회에 출석하고 있습니까?" 하는 것이 아니다. "당신은 변화되었습니까" 하는 것이 문제다. 한 사람의 영성, 도덕적 인격, 온전함은 따로 분리할 수 있는 것이 아니다.

사람들은 '우리'가 세상을 위해 사역한다고 생각한다. 잘못 이해하고 있다. 이 세상의 주권은 하나님께 속해 있으며 하나님은 우리가 있든 없든 하시고자 하는 것을 이루신다. 사역은 제자도의 문제다. 지역 교회에 있는 각 성도가 전 세계적으로 연결될 때 그들은 변화하기 시작한다. 나는 우리 서구 교회가 이 세상에 적극 관여하기를 소망한다. 하나님이 역사하시는 곳이 바로 이 세상이니까 말이다.

세상 끝까지라도

최초의 근대 선교사인 윌리엄 케리가 1792년에 이룬 업적에 대해 나는 늘 감사한다. 그러나 우리는 전 교회가 참여하여 주님의 지상 명령을 실천하는 대신, 직업 선교사에게 그 일을 맡겼던 것이다. 1800년대의 선교는 자서전에 나오는 이야기였다. 1900년대의 선교는 온갖 조직과 교회와 유사한 기관들의 이야기였다. 오늘날의 선교는 바로 회중석에 앉아 있는 일반 성도들의 이야기다. 변화된 이들은 선교위원회나 선교 대행업체, 또는 무기력한 교회가 나설 때까지 기다리지 않는다. 이들은 바로 선교지를 향해 간다. 전 세계에서 활약하는 이들을 볼 수 있다. 사람들이 지역 사회에서 T-라이프를 경험하기 시작하면 그들은 자신의 직업이 무엇이든 목사인 내 직업과 마찬가지로 하나님께서 주신 중요한 소명임을 깨닫는다. 그들은 자유롭다. 그래서 그들은 세상 끝까지 그 어느 곳이라도 갈 수 있다.

글로컬 임팩트-작전 수행 중

제시카라는 우리 교회의 한 젊은 여인이 정신장애로 죽었다. 그녀는 유년부 아이들을 가르치는 것을 사랑하는 매우 상냥하고 훌륭한 여인이었다. 그녀로부터 영향을 받은 많은 사람들은 특별한 보호가 필요한 장애아들을 보살피기 위해 무엇을 할 수 있는지 생각하기 시작했다. 그들이 한 첫 번째 일은 주일 아침 장애아를 위한 학급을 시작하는 것이었다. 그리고 나서 그들은 지역 사회에서 이와 같은 필요가 있는지에 대해 생각하기 시작했다. 오래지 않아 그들은 장애아를 둔 부모들이 함께 자유로운 시간을 보낼 수 있도록 이들 장애아를 위한 저녁 행사를 주최한다는 계획을 세웠다. 이를 위한 팀원은 우리 교회의 자원봉사 의사, 간호사 및 여러 사람으로 충원되었다.

이 행사에 대한 얘기가 퍼져 나가자 성인 장애인들을 보살피는 기관이 우리 사역에 대해 듣고는 그 관리자가 문의를 해왔다. 우리 예배에 함께 참석할 수 없느냐는 것이었다. 이렇게 해서 현재 30명의 성인과 200명이 넘는 아이들이 예배에 참석하고 있다. 몇 달 전, 장애아들이 종종 그렇듯이 그 중 몇 명이 떠들며 소란을 피웠다. 나는 설교를 멈추고 모두에게 말했다. "걱정하지 마세요. 우리의 사랑스런 아주 특별한 친구들입니다." 온 교회가 그들에게 박수를 보냈다.

바로 이것이 지역적인 임팩트가 세계화되기 시작하는 것이다. 그 당시 우리 교회에서 장애아들을 위해 교육 과정을 작성한 사람들 중 몇 명은 공립학교의 특수 교육에 참여하고 있었다. 그들은 함께 모여 우리 교회가 채택해 사역하고 있는 다른 나라에서도 자신들의 능력을 적용할 수 있을지 논의했다.

하나님의 인도하심이 으레 그렇듯 곧 그 나라에서 특수 교육을 담당하는 사람과 만나게 되었다. 그는 자기 나라에는 장애아들을 위한 별도의 시설이 없어 일반 공립학교에 다닌다고 말하며, 공립학교에는 이 아이들을 위한 특수 교육을 받은 교사가 없다는 것을 우리에게 알려줬다. 우리 팀원들은 교육안을 작성해 15명이 팀을 이루어 그 나라로 가서 전국의 교수와 교사들에게 이들 특수 장애아들을 공립학교에서 효과적으로 학습시키는 방법을 전수했다. 그다음에 무슨 일이 일어났는지 아는가? 우리는 이제 전 세계에 있는 특수 장애아들을 위한 교육안을 작성하고 있다.

'내 교회(church)'라는 개념에서 벗어나 '주님이 피 값으로 사신 전체 교회(Church)'의 개념으로, 그리고 그 이상으로 진전됨에 따라 세상은 변화하기 시작한다.

|깊이 생각하고 논의할 문제들

1. 선교사가 되기를 꿈꿔본 적 있는가? 구체적으로 설명해보라.
2. 당신의 직업을 통해 한 나라에 관여한다면 어떨 것 같은가?
3. 당신의 교회가 한 나라를 택해 선교할 수 없는 이유가 있다면? 여섯 가지 정도 나열해보라.
4. 앞에서 말한 여섯 가지 이유에 대해 초대 교회라면 어떻게 반응했을까?

Part Three

T-월드

트랜스포메이션을 위한 교회를 창조하라

하나님과 상호 관계를 맺고, 다른 성도들과 투명한 연결을 하고, 또 사역의 기회에 순종으로 응답하면 우리는 완전히 변화될 수 있다. 그 결과 우리를 아는 주변사람들에게 거듭난 후의 생명적인 그리스도의 삶을 보여줄 수 있다. 의미 있는 삶을 살고자 하는 비전은 단지 당신 개인 차원을 훨씬 넘어선 그 이상의 것을 열망하게 한다.

분명한 그림이 보이는가? 내적 성장과 외적 성장은 분리할 수 없다. 변화된 삶(T-라이프)은 변화된 세상(T-월드)과 연결되어 있다고 하는 이유가 이것이다. 자신의 직업과 사역의 기회를 이용한 글로컬 임팩트는 이 둘을 연결하는 교량이다.

T-월드는 영속적인 변화를 주기 위해 세상과 연결된 모든 성도와 모든 교회의 비전이다. T-월드는 교회가 변화된 제자를 양성할 때 만들어지는 교회의 모습이다. 초대 교회는 다원론, 부도덕성, 그리고 빈곤에 깊이 빠진 세상을(요즘의 모습과 너무 흡사하다) 기적적으로 변화시켰다. 어떻게? 그들 자신의 변화된 삶을 세상에 보여주었기 때문이다. 그들은 교회, 지역 사회, 그리고 궁극적으로 온 세상에 영향력을 끼쳤다.

교회가 그 목적을 온전히 수행할 때 다음과 같은 T-월드의 세 가지 요소가 동시에 나타난다.

지역 사회 개발 : 지역 사회 문화와 도덕성에 총체적인 참여를 한다.

교회의 자기 증식 : 변화된 개인은 교회를 건강하게 만들고 그 결과

교회는 성장하고 또 다른 교회들을 증식시킨다.

열방 세우기 : 최대의 글로벌 임팩트를 위해 그 나라의 실제적인 기반구조에 영향력을 행사한다.

T-라이프와 T-월드는 어떻게 서로 결합되는가?

사람들은 내게 종종 이런 질문을 한다. "어떻게 지금에 이르게 되었죠? 어떻게 그 모든 것들이 서로 맞물리나요?" 처음에는 T-라이프와 T-월드의 6가지 요소들은 전혀 관련이 없는 것처럼 보인다. 그러나 큰 그림을 보면 이 모든 것들은 연결되어 있음을 알 수 있다. 이 중 하나를 골라 택할 수 있는 그런 각각의 전문 분야가 절대 아니다. 이 일은 그런 식으로 되는 것이 아니다. 하나님의 나라가 어떻게 역사하는지를 이해하기 위해서는 반드시 전체 그림을 봐야 한다. 모든 영역은 하나님의 나라라는 한 점으로 수렴한다.

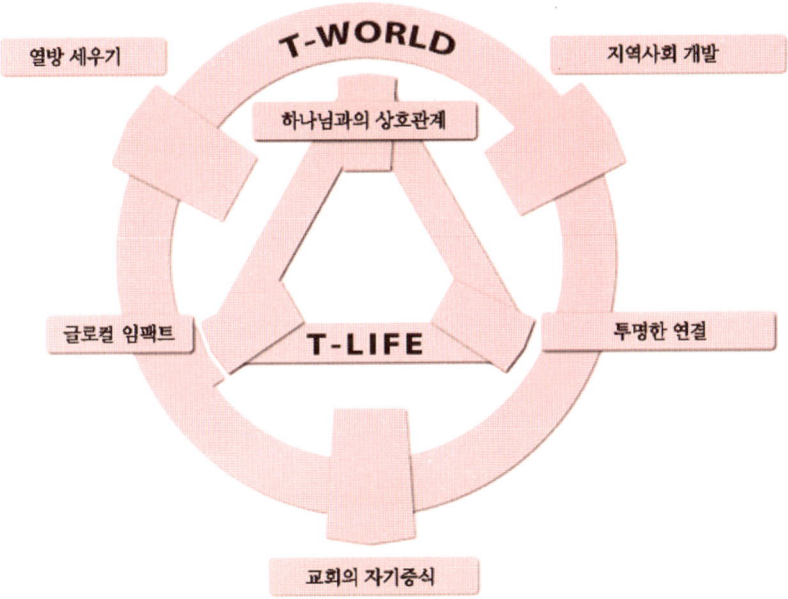

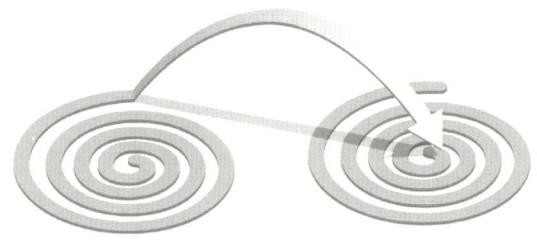

영역 도약　　　　　　　（그림 2）

　그동안 우리는 하나님의 역사를 전체적으로 보지 못하고 조각조각 갈라놓았다. 그 결과, 우리는 자신에게 피해를 가져오고 말았다. 이 모든 요소들이 어떻게 서로 들어맞는지 큰 그림을 볼 때, 비로소 이들 사이에 자연스러운 흐름과 연속성이 있게 된다. 이것을 나는 '영역 도약 (domain jumping)'[4]이라고 부른다.

　즉, 일생 한 영역을 배우고 마스터하는 대신, 한 영역이 자연스럽게 그 다음 관련된 영역으로 인도하도록 하는 것이다. 우리에게는 호기심이 있다. 오직 한 영역에 안주하는 대신, 이 모든 영역들이 어떻게 연결되어 있는지 우리는 알고 싶다. 이것이 연속적 또는 축적식의 학습과 영역 도약식 학습의 차이다. 위의 그림(그림 2)에서 보듯 큰 그림을 보고 다른 영역을 향해 도약한다. 이렇게 해서 호기심을 가진 사람들은 그다음에 있는 관련 영역으로 도약해 간다.

　나의 개인적인 순례는 이런 식으로 시작되었다. 나는 개인적인 복음 전도자로서 일대일로 주님을 증거하며 사역을 시작했다. 그다음 내가 부흥에 대해 설교할 수 있다고 깨달았을 때, 영역 도약을 했다. 열 명 혹은 그 이상이 한 번에 주님을 영접했다. 그때부터 나는 왜 부흥 강사는 한 주에 수많은 영혼을 추수하는 반면, 목사는 수년을 일하고도 열매를 보지 못하는지 깨달으면서 목사직을 시작했다. 나는 우리 교회를

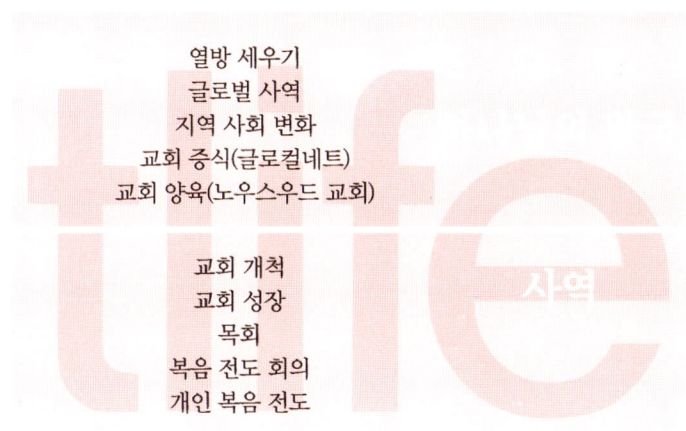

(그림 3)

성장시키는 데 큰 관심을 두게 되었다. 그런 후, 나는 정기적으로 수확하는 건강한 교회들을 세우기 원하는 교회 개척자가 되었다. 이것이 내 사역 방식이었다.

나는 영역을 도약하며 사역의 방법을 배우고 있었다. 그러나 나는 여전히 하나님 나라의 그 자연스러운 흐름을 타지 못하고 있었고, 큰 그림을 보지 못하고 있었다. 왜? 내가 도약하는 그 모든 관련 영역들이 어떤 틀을 벗어나지 못했기 때문이다. 하나님 나라가 역사하는 방식인 그다음 단계의 영역으로 도약했을 때 비로소 모든 것이 실제로 역사하기 시작했다 (그림 3 참조).

이 두 단계의 차이는 매우 현격하다. '사역의 초점'은 '하나님이 계시든 안 계시든 내가 할 수 있는 것들'에 집중되어 있다. 교회를 어떻게 운영하는지 그 시스템과 과정을 배우는 데는 하나님 나라 중심의 사고방식이 없어도 가능하다. 반면, '하나님 나라의 초점'은 '내가 있든 없든 하나님만이 하실 수 있는, 내 능력을 벗어난 그 어떤 것들'에 집중되어 있다. 사역은 시스템, 개인 능력, 과정, 목표, 그리고 행동 계획 등에 초점을 둔다. 그러나 하나님 나라의 초점이란, 재물과 인력을 공급

받는 통로로서 나 자신만을 위해 존재하는 대신, 다른 사람들에게 나누어주기 위해 내가 존재한다는 것을 의미한다. 우리는 생존하기 위해 존재하는 교회가 아니라, 증식하기 위해 존재하는 교회다. 전에는 우리 자신의 몸집을 불리기 위해 존재했지만, 이제는 지역 사회에서 교회를 증식하고 열방과 연결되기 위해 존재한다. 내가 깨달은 가장 커다란 교훈 중 하나는, 비록 내가 사역과 관련된 모든 일을 할 수 있다 할지라도 여전히 하나님 나라를 이해하지도 받아들이지도 못할 수 있다는 것이다. 하나님 나라와 동떨어져서는 교회 증식도 개혁도 결코 일어나지 않는다.

영역 도약이 어떻게 이루어지는지 다른 방식으로 설명해보겠다. 지난 수년 동안 우리 교회가 도와 세워진 일단의 교회들이 더 많은 교회를 세울 목적으로 단결했다. 한 목사가 우리 지역의 대학에 교회를 세우는 사역을 함께 짊어지자고 제안한 것이다. (미국에 약 1,200개의 대학이 있다는 것을 아는가? 나는 잘 알고 있다. 내 딸이 곧 고등학교를 졸업하므로 이들로부터 최소한 격일로 엄청난 양의 입학 안내 편지를 받고 있다.)

두 번째 회의에서 그 목사는 12년 내에 100개의 대학 캠퍼스 교회를 시작하자는 계획을 내놓았다. 우리는 모두 하나가 되어 각 교회에서 곧 대학에 진학하는 십대들을 물색할 것을 생각하기 시작했다. '이 학생들이 가장 많이 진학하는 곳은 어딘가? 이들을 그곳에 보내 캠퍼스 안에 교회를 세우도록 준비시킴으로써 지역 사회에 영향력을 끼칠 수 있을까?' 회의에 모인 우리들은 모두 교회를 개척한 경험자들이기에 각 교회에 있는 학생들도 이미 교회 개척에 친숙해져 있었다.

정말 흥분되기 시작했다. 이 학생들이 졸업하고 또 다른 학생들이 그 캠퍼스 교회에 들어오고, 이들 모두가 장차 교회 증식의 재목들이 된다면……? 대학을 졸업하고 여러 주요 회사에서 일하는 학생들은 미국 전역의 지역 사회에서 교회를 세울 것이다!

이것이 전부가 아니다. 젊은 대학 졸업생들과 대학생들의 글로벌 문화가 형성된다. 나는 전 세계를 돌아다니며 이들과 만날 기회가 있었다. 대학 안에 세워진 이들 캠퍼스 교회는 아마 지구상에 존재하는 그 어느 그룹보다도 열방을 세울 기회가 더 많지 않겠는가! 하나님께서 이들 열정적인 대학생들을 이 일을 위해 세우시고 있는 것은 아닐까? 큰 그림이 보이는가? 이것이 지역 사회 개발이고 교회 증식이며, 이러한 일들은 열방 세우기를 통해 세계적으로 재현된다.

7

전체 교회가 세상을 흔들어놓는다면…

지역 사회 개발

지역 사회 문화와 도덕성에 총체적인 참여를 하라

가난한 사람들이 내는 세금에 대해 하나님이 관심을 두실까? 하나님께서 우리 교회에 한 젊은 엄마를 인도하셨는데, 그녀는 큰 회사의 소위 잘나가는 회계사였다. 회계사의 서비스를 받을 수 없는 가난한 지역에서 그녀는 무료로 세금 보고 업무를 대신해 주었다. 그녀의 첫 번째 무료 고객은 한 여인이었는데 한 손에는 아이를, 다른 한 손에는 작년 세금 보고 자료를 들고 있었다. 이 여인은 작년에 어떤 회계사에게 300불을 내고도 세금 환급은 아주 적게 받았다. 그러나 이번에는 무료로 세금 보고를 하고도 6,000불이나 세금 환급을 받을 수 있었다. 이 일을 통해 하나님께서 영광을 받으셨을까? 이 일을 통해 이 여인에게 영향력을 끼쳤다고 생각하는가?

엄마는 4년 전에 유방암으로 죽고 아버지는 6개월 전 심장마비로 죽은 9살짜리와 6살짜리 아이들에게 하나님은 교회에게 어떻게 하라고 하셨을까? 아이들을 할머니에게 맡기고 집은 아무도 돌보는 이가 없어 허물어지도록 내버려 두셨을까? 노우스우드 교회의 한 그룹이 가서 그 집에 대한 대대적인 보수공사를 했다. 매주 그들은 음식을 나르고, 집을 청소하고, 아이들을 돕기 위한 여러 가지 일을 했다. 이 아이들이 자라면서 어떤 임팩트를 받게 될까?

한 공립학교 교장이 노우스우드 교회에서 주님을 영접하고 지역 사회 봉사에 참여했다. 하루는 이사회에서 학교 직원 두 사람이 대화하는 것을 듣게 되었다. 대화 내용은 어떻게 한 교회가 도심지 내에 있는 학교와 협력하고 있는지에 대

> 만일 교회가 지역 사회와 전혀 동떨어져 있다면 그 교회의 회원 외에 누가 교회를 그리워하겠는가?
> -로버트 루이스

한 내용이었다(이 둘은 그 교장이 다니는 노우스우드 교회에 대해 얘기하고 있었던 것이다). 그 두 직원은 한 교회가 그 지역 사회에 임팩트를 끼치기 위해 학교와 얼마나 협력 관계를 잘 유지하고 있는지에 대해 놀라고 있었다.

위에서 단지 세 가지 예를 들었지만 이러한 예는 셀 수 없이 많다. 사랑의 집짓기부터 외국인을 위한 영어 강좌, 축제, 공립학교 개축, 병원, 후원 그룹 등 이루 말할 수 없이 많다. 사람들을 섬기는 데는 그들의 독창성만큼이나 다양한 여러 방법이 있다.

최근에 우리는 도심지 내에 있는 학교에서 축제를 연 일이 있다. 그 때 두 명의 불가지론자인 교사가 공개적으로 이런 말을 했다. "나는 이 지역에 줄곧 살며 이 교회 사람들을 지켜보아 왔는데 이 교회는 뭔가 조금 다르다. 이들은 정말 이 지역 사회를 섬기기 위해 여기에 왔고, 진심으로 사람들을 사랑하는 열정이 있다." 바로 이런 것이 우리가 원하는 임팩트다.

교회가 세상을 온통 흔들어 놓는다면 어떨까?

매년 미국 교회는 수천 개씩 늘어 가는데 지역 사회는 같은 비율로 변화하지 않는다는 것은 뭔가 모순 같지 않은가? 우리는 사람들에게 복음을 전하고 있다고 믿지만 문화에 널리 퍼진 도덕성에는 아무 영향도 끼치지 못하고 있다. 우리는 정말 무엇을 하고 있단 말인가? 이와는

대조적으로, 초대 교회와 영적 대각성 운동 시절에는 사람들의 도덕과 문화의 기반까지 뒤흔들어 놓았다.

지역 교회들이 자신을 선교사로 본다면 지역적으로 또한 전 세계적으로 어떤 일을 할 수 있을지 한 번 상상해보라! 텍사스 주에는 우리 교단에 속한 교회만 해도 약 5,000개나 된다. 미국 전체에서 정말 헌신된 교회가 2,000개만 있다면 하나님께서는 이들을 가지고 과연 무엇을 하실까? 코카콜라와 보잉 회사가 미국뿐 아니라 전 세계에서 그 엄청난 일들을 이룬 반면에, 교회는 지구 반대편은 고사하고 가까운 지역 사회에서조차 영향력을 끼치지 못하는 것은 어찌된 일인가?

사도행전 17장 6절 말씀을 보자. "천하를 어지럽게 하던 이 사람들이 여기도 이르매" 이 말씀은 정말 우리의 생각을 자극하는 멋진 구절이다. 바울과 그 일행은 문자 그대로 세상을 뒤집어 놓았다. 단지 그들이 살았던 시대뿐 아니라 그다음 21세기 동안의 인류 역사를 통해서 말이다. 기독교는 수많은 인생의 영원한 운명과 현 상태를 바꾸어 놓을 뿐만 아니라 미래의 세계 질서에도 중요한 공헌을 할 것이다. 머지않아 믿음은 과학, 철학, 사업, 정치, 정부, 교육, 그리고 학문의 모든 다른 분야에 임팩트를 끼칠 것이다.

성공 가능성이나 그 당시 문화, 종교의 권력 구조에 대한 연결성을 고려해 볼 때, 초대 교회 성도들이 그 엄청난 일을 이루어냈다는 것은 정말 기적이다. 역사를 보면, 수많은 좋은 사상이나 철학은 주님의 제자들보다는 훨씬 유명한 지식인들로부터 나왔다. 그러나 어떻게 되었는가? 그들로부터 나온 사상과 철학 중 그 어느 것이 남아 있단 말인가! 인간

교회의 각 구성원이 온전히 변화되면, 지역적 그리고 전세계적인 임팩트는 당연한 일이다.

으로서는 불가능한 것을 하나님께서 이루신 것이다.

초대 교회에 주어진 것과 똑같은 사명-그리스도의 복음과 삶을 세상에 가지고 가는 것, 그리고 길 잃은 인간에게 소망을 주는 새로운 삶의 방식을 보여주는 것-이 오늘날 우리에게도 여전히 주어져 있다. 갓 믿기 시작한 크리스천이거나 오만한 젊은이들을 제외하고는, 한 나라는 고사하고 지역 사회를 변화시킬 수 있다고 믿는 사람은 거의 없다. 그러나 하나님 왕국으로서의 교회가 의미하는 바를 깨닫고 그러한 맥락에서 산다면 바로 이것이 교회의 기능임을 알 수 있다.

그 속한 지역을 교회화하고 지역 사회에 영향을 끼치는 교회는 단지 끼리끼리 모이는 집단이거나 서로 친절한 얘기나 나누는 그런 단순한 만남의 장소일 수 없다. 교회는 살아 움직이고 모든 방향으로 강력하게 확산하는 실체가 되어야 한다.

예를 들면, 중국에 있는 교회는 그 지역 사회를 근본적으로 변화시키고 있다. 중국 교회가 다른 나라에 가서 복음을 전한다는 많은 기사가 있다. 최근의 기사를 보면, 몽고의 크리스천들은(이들은 불과 몇십 년 전에는 존재하지도 않았다) 400개가 넘는 건강한 교회를 세웠다고 한다. 징기스칸은 저 멀리 아프가니스탄까지 많은 나라를 정복했다. 이제는 현대의 영적 군사들이 일어나 파죽지세로 주님의 복음을 전하라는 명령을 수행하고 있지 않은가!

만약 미국의 모든 지역 사회에서 그처럼 복음이 퍼져 나간다면 그 모습은 어떨까? 한 가지 확실한 것은, 우리가 지금까지 서구 교회에서 보아 온 것과는 다를 것이라는 것이다. 우리가 체육관이나 커피 마실 공간이나 짓고, 사회의 문화 전쟁 속에서 교회의 위치나 찾기 위해 싸우는 동안, 다른 이들은 복음을 요원의 불길처럼 전하며 사람들의 삶에 임팩트를 끼치고 있다.

임팩트를 위한 필수 사항

지역 사회, 그리고 궁극적으로는 전 세계를 뒤집어 놓을 교회는 다섯 가지 핵심 요소로 묘사할 수 있다고 나는 믿는다. 이들 요소는 결코 프로그램화할 수 있는 것이 아니다. 이들 요소는 교회 정체성 면에서 볼 때 복음이 전 지역 사회를 변화시키는 중국이나 다른 나라의 그것처럼 유기체적이고 핵심적이다. 이들 다섯 가지 요소 중 지역 사회 개발과 관련된 몇 가지를 여기서 먼저 살펴보고, 나머지는 다음 장에서 살펴보도록 하겠다.

1. 온 세상을 뒤흔들어 놓는 교회는 신비스러워 보인다.
2. 온 세상을 뒤흔들어 놓는 교회가 글로컬 교회다.
3. 온 세상을 뒤흔들어 놓는 교회는 증식한다.
4. 온 세상을 뒤흔들어 놓는 교회는 협력한다.
5. 온 세상을 뒤흔들어 놓는 교회는 넉넉함으로 충만하다.

온 세상을 뒤흔들어 놓는 교회는 신비스러워 보인다

'신비스럽다' 라는 말의 의미는 이렇다. 하나님을 경험한다는 것은 단지 주일학교의 한 과정이 아니라 우리의 라이프 스타일이라는 말이다. 당신이 한 번도 생각지도, 계획하지도, 그리고 기대하지도 않았던 일들이 일어난다. 오늘날의 교회는 '기다린다(wait)'라는 작은 한 단어 때문에 무능하게 되었다. 우리가 어디에 있든지, 어디를 가든지 하나님께서 매일 우리 주위에서 역사하심을 본다. 우리의 도움이 필요한 사람들과 기회가 바로 저기에 있다. 이사야처럼 "주님, 제가 여기 있습니다. 저를 보내소서"라고 하는 사람들이 절실히 필요하다.

구약과 신약을 보면, 기도는 사람들을 움직여 이들로 하여금 변화되도록 했다. 이상하게도 오늘날은 기도가 능력의 원천이 아니

> 교회가 세상을 뒤집어 놓지 않는다면, 그리고 교회가 세상을 뒤집어엎기까지는, 교회는 받은바 소명을 감당하고 있는 것이 아니다.

라 어떤 일을 하지 않는 것에 대한 변명이 되어버렸다. 어떤 일을 하기 위해 주님의 뜻을 기다리고 있을 뿐, 아무 일도 일어나지 않는다. '기다린다'는 것은 단지 실행을 지연하기 위해 더 많은 정보를 요구할 뿐이다. 미래 교회는 완전히 다른 단어로 묘사될 것이다. 바로 '위험을 무릅쓴다(risk)'라는 단어다. 생명과 힘이 넘치는 경배를 통해 우리는 그 누구도 가기 원치 않는 곳으로 가고, 아무도 하지 않으려는 일을 할 능력을 공급받는다. 경배의 내적 차원은 믿는 자들의 삶 가운데서 일어나, 이들로 하여금 엄청난 위험, 용기, 그리고 실행의 영역으로 나아가게 만든다.

'신비스럽다'는 말은 또한 기적적이라는 의미다. 하나님은 가장 기대치 않았던 장소와 사람들로부터 모든 기회와 물자를 한꺼번에 주신다. 하나님께서 우리에게 허락하신 그 물자들로 인해 나는 항상 놀라곤 한다. 이 세상에서 역사하시는 하나님의 그 기사와 표적은 부정하려고 해야 부정할 수 없다(마태복음 9:35, 사도행전 5:12-16). 그러나 이 말은 일반적으로 '은사적'이라거나 서구 교회에서 전하는 그런 메시지가 아니다. 건강이나 부(富)에 초점을 맞춘 그런 신비한 것이 아니다. 사실 건강이나 부, 이런 것들은 동양의 이들에게 생소하다. 오늘날 동양에서 퍼지고 있는 이야기의 대부분은 건강이나 부와 같은 것이 아니라 하나님께서 어떻게 신령한 방법으로 필요를 채워주셨으며 마을 전체를 감화시키셨는지에 대한 것들이다.

온 세상을 뒤흔들어 놓는 교회가 글로컬 교회다

대부분의 사람들이 주님의 지상 명령 하면 외국을 떠올린다. 결코, 그렇지 않다! 주님의 지상 명령은 로컬(지역적)이면서 동시에 글로벌(전 세계적)이다. 즉, 글로컬이다. 글로컬이라는 단어는 렌 스위트(Len Sweet)가 문화를 설명하며 사용한 말이다. 나는 이 단어를 하나님 나라의 확장을 지리학과 연결해 설명하기 위해 사용한다.

주님의 지상 명령에 대한 전통적인 생각은 먼저 가까운 곳에 초점을 맞추고, 다음

글로컬은 모든 영역에서 사역하는 것을 말한다.

에 자기 나라에, 그리고 해외로 확장해 나간다. 그러나 T-월드는 언제나 모든 차원에서 움직인다. 주님의 지상 명령은 단계별 과정이 아니라 동시에 사역하는 차원이다. 즉, 예루살렘에서 시작해 유대, 사마리아, 그리고 나서 땅 끝으로 가는 것이 아니라 예루살렘, 유대, 사마리아, 땅 끝으로 동시에 간다는 것을 말한다. 부분적으로는, 잃어버린 영혼에 이르기 위해 우리는 교회로서 우리가 할 수 있는 것들을 다 한다. 이 말은 우리 스타일만으로는 모든 잃어버린 영혼에 이를 수 없다는 것을 인정한다는 말이다. 그래서 지역 사회의 다른 부분에 이르기 위해 우리는 다른 교회들을 세우기 시작했다. 또한, 전국적으로 교회를 세우기 시작했으며 미전도 종족에 이르기 위해 해외에도 교회를 세우고 있다. 우리는 모든 영역에서 동시에 사역을 진행한다. 역사상 지금처럼 이 일이 쉬운 때가 없었다. 이 일은 가능함을 잊지 말라!

글로컬이란 말은 또한 그리스도의 사랑을 보여주는 동시에 그 사랑을 나누는 것을 의미한다. 라오스에 가서 병원을 운영하는 것일 수도, 당신이 속한 지역에서 사랑의 집짓기를 하는 것일 수도 있다. 집집이

방문하며 복음을 전도하는 것일 수도 있고, 차에 음식을 싣고 가난한 자들에게 급식을 하는 일일 수도 있다. 할 수 있는 한 주님의 사랑을 보여주고 함께 나누는 것이다.

주의할 것이 하나 있다. 모든 성도가 모든 영역에서 사역할 수도 없고 그래서도 안 된다는 것이다. 그러나 교회는 사람들을 동원해 모든 구성원이 이들 영역 중 하나-그것이 지역적이든 전 세계적인 사역이든-도 감당할 수 있도록 이끌어야 한다. 해외 선교 사역에 대해 안 좋게 생각하는 사람들은 대체로 그런 영역에는 참여하지 않으려 할 것이다. 그들은 "우리 지역도 소화 못 하는 주제에…"라고 말하지만 그렇다고 그들이 사랑의 집을 짓는데 참여한다거나 이웃집을 돌아다니며 복음을 전도하는 것도 아니다. 어떤 사람들을 만족시키기 위해 해외 사역과 국내 사역의 균형을 의도적으로 잡을 수는 없다. 이 문제에 대한 유일한 해답은 오직 주님만 바라보며 주님께서 우리 앞에 내려놓는 것에 반응하는 것이다. 균형은 점차 잡혀갈 것이고 하나님께서 하시는 일에 대해 점점 더 자연스럽게 반응하게 될 것이다.

어느 영역이 가장 중요하다는 식의 쓸데없는 말싸움을 하지 말라. 모두 중요한 영역이다. 그러나 좀 더 많은 사람들이 해외 사역에 참여할 때, 나눔과 섬김의 측면에서 국내석으로 더 큰 영향력을 끼치는 결과를 얻는다. 왜? 해외 사역에 참여했던 이들이 변화되어 돌아오면 국내에서도 영향을 끼칠 방법을 찾기 때문이다. 즉, 언젠가 캐럴 데이비스가 내게 말했듯, 지역적인 사역의 진정성은 세계 사역에 의해 규정되어야 한다. 그렇지 않으면, 결코 땅 끝까지 이를 수 없다. 나는 세계적으로 사역을 시작하기 전까지는 이 말을 이해하지 못했다. 나는 이 두 가지가 서로 다른 것이라고 생각했었다. 그러나 그렇지 않다. 그 둘은 똑같다. 우리가 우리의 지경을 넓혀 멀리 뻗어나갈 때, 가장 가까이에 있는 것들이 완전히 변화된다.

지역과 전 세계가 하나로 융화될 때

지역 사역과 전 세계 사역이 똑같이 여겨지는 곳에서 이 두 영역은 통합된다. 이 경우, 이것은 초자연적이고 매우 강력하게 된다. 예정보다 조금 길어진 아시아에서의 사역을 마치고 돌아온 어느 여름, 우리 교회 두 가정이 교환 학생 프로그램에 참가하여 다음 해에 그들과 함께 지내게 될 두 학생을 기다리고 있다는 것을 알게 되었다. 유일한 문제점이라면 이 두 학생은 우리가 사역하는 그 '폐쇄된' 나라에서 온다는 것이었다. 그곳은 매우 민감한 지역이었다. 이 나라에 대해 우리는 많은 이야기를 들었고 심지어는 크리스천이라는 이유로 많은 어려움을 겪고 있는 친구도 몇 명 그곳에 있었다. 설상가상으로, 이 두 학생은 그 나라 고관의 자녀라는 것을 알게 되었다. 그 중 한 학생의 아버지는 그 나라의 최고위직에 있었다.

강대상에서 나는 틈만 나면 회중들에게 이 특별한 지역에 대해 얘기했던 터라 관심이 갔다. 이 두 학생의 가정이 과연 일 년 동안 하나님께서 하시는 일을 위협하지 않고 우리 교회를 내버려둘 것인가? 그들이 그럴 리가 없다. 그들은 마치 하나님으로부터 교회를 위협하라는 소명을 받기라도 한 것처럼 느끼고 있으니 말이다. 우리 교회의 모든 규칙을 검토해보고 일단 한번 실험을 해보기로 했다. 이 일이 여의치 않을 경우, 그 두 학생을 다른 교회로 보내기로 했다. 그 나라에 대해 특별히 강조하는 메시지를 전하게 될 몇 주일 동안 이 학생들을 맡은 두 가정은 아예 이 학생들을 데리고 휴가를 간다는 계획도 세웠다. 심지어 그 두 학생이 많은 의문을 갖지 않도록 우리 교회에 붙어 있는 세계 지도에서 그 나라에 대한 많은 부분들을 떼어냈을 정도였다.

"하나님이 이런 분인 줄은 정말 몰랐네요"

이 두 학생은 교회에 출석할 필요는 없었다. 그런데 세상에…, 그들이 교회에 오는 게 아닌가! 미국에서의 첫 번째 일요일, 그들은 앞줄에 함께 앉아 시차 적응을 하느라 졸고 있었다. 나는 설교를 하며 혹시나 말실수를 하거나 일을 그르칠까봐 조심스럽게 그들을 피해 다녔다. 그러던 어느 주일 날, 그들은 교환 학생을 맞이한 그 호스트 가정을 통해 담임 목사를 만나고 싶다고 전해왔다.(내가 얼마나 놀랐던지!) 나는 그들을 만나 가능하면 말을 짧게 했다. 그런데 놀랍게도, 이 두 청년이 청년부 모임에 빠지지 않고 참석하는 게 아닌가! 청년부 수련회든 예배든 하나도 빠짐없이 참석하는 것이었다.

어느 주일, 결코 잊을 수 없는 일이 일어났다. 우리는 경배를 드리며 찬양하고 있었고, 성령께서 두루 움직이고 계셨다. 힐끗 청년부 좌석을 봤더니 여러 명이 두 손을 들고 경배드리는 모습이 보였다. 자세히 보니 그 두 학생 중 아버지가 고위 공무원인 학생이 경배에 몰입해 있는 것을 알 수 있었고, 그 옆에 앉은 나머지 학생도 똑같은 상태였다. 그들의 두 손은 하늘로 뻗어 있었고, 얼굴은 온통 눈물로 범벅이었다. 나의 첫 반응은 "오, 하나님, 이 친구들이 크리스천이 되면 어쩌지요?"였다. 나의 두 번째 반응은 "그렇게 되면 우리가 그 나라에서 하는 사역이 엉망으로 되는 것이 아닐까요?" 결국, 나는 자제력을 잃고 무릎을 꿇었다. 그리고 그들과 그 가정을 위해 기도하기 시작했다.

어느 주일날, 예배 후에 그들이 내게 와서 말했다. "잘 아시겠지만, 우리는 일생 절에 다녔습니다. 그러나 이런 식으로 하나님을 느껴본 적은 없었습니다. 하나님은 정말 계십니다." 몇 달이 흐른 후, 그 중 한 학생이 내게 말했다. "아버지께 크리스천이 되고 싶다고 말씀드렸습니다. 아버지께서는 "지금 네가 무엇을 하고 있는지 잘 생각해라"고 하시더군요."

중요한 대화

그의 얘기를 들은 나는 심장이 멎는 것 같았다. 자리를 마련해 자세히 얘기를 나누자고 했다. 하나님께서 으레 그러시듯, 그 당시 우리 사역팀 중에 그 나라에서 와 인턴으로 일하는 사람이 있었다. 그는 자기 아내를 데리고 와서 그 학생과 함께 우리 집에서 저녁 식사를 했다. 우리는 왜 하나님은 오직 한 분이라는 것을 믿으며, 왜 예수님만이 하나님께 가기 위한 유일한 길임을 믿는지에 대해 여러 시간 얘기를 나누며 많은 눈물을 흘렸다.

마침내 그 학생이 내게 물었다. "우리 나라를 방문한 적이 있으신가요?" 나는 전에는 항상 이런 질문을 피해 왔다. 나는 더 이상 이 질문을 회피할 수 없어 '지나간' 적이 있다고 말했다.

그 학생은 확신에 차서 말했다. "그럴 줄 알았어요. 우리 나라에 대해 너무 많이 알고 있다는 것과 왜 여기에 우리 나라에서 온 다른 사람들이 있을까 의아했었거든요. 왜 진작 제게 말하지 않았죠?"

그 나라에서는 단지 크리스천이라는 이유만으로 사람들이 감옥에 가는 것을 나는 알고 있었다고 설명했다. "자네 아버지뿐 아니라 그 누구도 감옥에 가는 것을 원치 않았던 걸세."

밤이 깊어가고 있었다. 그 학생이 가기 전에 나는 종이에 원을 하나 그려 놓고 소금 병과 후추 병을 이용해 그 학생에게 질문했다. 소금 병을 집어 그 원 안에 넣고 나는 말했다. "이것은 그리스도 안에 있는 자네일세." 그리고 나서 후추 병을 집어 원 밖에 놓고 말했다. "그리고 이것은 그리스도와 상관없는 자네일세. 자네는 어느 쪽인가?"

그런데 그는 소금 병을 밀어 중간에 놓았다. 나는 다시 물었다. "자네를 가로막고 있는 것이 무엇인가?"

그는 대답했다. "제가 주님을 믿게 되면 제 가족들이 핍박을 받게 되겠죠. 제가 그리스도를 진정으로 받아들인다면 고국에 돌아가서 일생 하나님에 대해, 예수님이 얼마나 사랑하시는지에 대해 말하지 않을 수 없을 테니까요."

그 학생은 제대로 이해하고 있었다. 그것은 단순히 자신의 구원 문제가 아니라(그는 그로부터 한 달 후에 구원을 받았다) 자신의 가정과 더 나아가서는 조국의 구원 문제였음을! 우리 미국인들이 이 관련성을 안다면 얼마나 좋을까! 이 세상은 결코 라스베가스 같은 세상이 아니다. 이 세상에서 일어난 일이 아무도 모르게 감춰질 수는 없다(라스베가스라는 환락의 도시에서 우리는 평소라면 생각지도 않을 죄를 저지르곤 한다. 그리고는 그곳에서 저지른 일은 그냥 그곳에 아무도 모르게 묻어둔다. 저자는 이를 역으로 설명한 것이다역자 주).

친절한 행위 그 이상

이것이 바로 글로컬 지역 사회 개발이다. 이 일은 이곳에도 있고 동시에 멀리 저곳에도 있다. 모든 곳에서 동시에 일어날 수 있다. 춤으로 말하자면, 활기찬 현대 무용이지 느릿느릿 움직이는 흘러간 복고풍의 텍사스 투스텝 댄스가 아니다. 이 생명에 찬 템포를 늘어지게 하는 것은 다름 아닌, 모든 것을 자신들이 이해할 수 있는 측정 도구와 연결해 생각하는 서구 교회의 사고방식이다. 우리 서구인들은 가정 복지센터나 교회 도서실 짓는 것이 지역 사회에서 신뢰성을 얻는 것이라는 등식을 가지고 있다. 여러 건물을 짓고 시설을 확장하는 것이 우리 기반 구조와 관련 있다고 생각하며 중요하고 의미 있는 일이라고 생각한다. 그러나 이러한 노력이 세상과는 견고한 담을 쌓고 동떨어져서 단지 자기들끼리만의 천국을 이루고 그 지역 사회에는 아무 영향도 끼치지 못한다면 도대체 무슨 가치가 있단 말인가? 레이 베키(Ray Bakke)는 "교회는 이제 사역에서 실제 흘러나오는 그 무엇이 있어야 한다"라고 했다. 정말 참신한 생각이다.

지역 사회 개발에는 두 가지 접근 방법이 있다. 하나는 교회를 세우는 것이고, 다른 하나는 성도들을 통해 먼저 그 지역 사회에 영향력을 끼치는 것이다. 후자의 경우가 바로 스티브 조그렌(Steve Sjogren)이 말하는 '선행의 능력'이다. 이는 길거리에 나가서 다른 사람들의 자동차 유리를 닦아주는 것 그 이상을 말하며 그 지역 사회에 영향을 끼칠 수 있는 장기적인 안목을 가져야 함을 뜻한다.

내가 조교수로 일하는 대학에서 '선교(mission)'에 대한 브레인스토밍 회의에 참석한 적이 있었다. 우리에게 필요

> 우리 교회가 전 세계에서 사역하는 모든 것은 우리가 속한 지역 사회에서도 똑같이 수행한다.

한 것은 '선교 중심'이 아니라 '실제 선교'라고 나는 주장했다. 어떤 사람이 대뜸 일어나 말했다. "우리는 미션 트립을 하고 있습니다."

나는 신랄하게 응답했다. "지금 미션 트립을 얘기하고 있는 것이 아닙니다. 그 핵심에, 그리고 전략 면에서, 우리는 실제 선교를 해야 한다고 말하는 것입니다. 선교 중심이 되고 싶으면 국제 학생에게 장학금을 주시면 됩니다. 안 그러면 그 학생들이 학교를 못 다닐 테니까요. 그러나 실제 선교를 하고 싶다면 그 나라에 가서 대학을 세우고 실제로 그곳 사람들을 도와주십시오."

그 회의 이후 얼마간 조용히 지나가다 그 대학교 총장이 나를 자기 사무실로 불렀다. 그는 내게 아시아에서 온 그 두 학생과의 관계를 이용해 그 나라에 대학교를 설립할 수 있는지 검토해달라고 부탁했다.

당연히 나는 승낙했다. 그날 저녁 우리 집에 저녁 식사를 하러 온 한 학생의 아버지에게 전화를 해 만날 약속을 하고는 곧바로 그 나라로 날아갔다.

그 나라에 도착하자, 관계자들이 나를 환영하며 영접해주었다. 그들 모두는 내가 목사라는 사실을 알고 있었다. 그 학생의 아버지가 내게 물었다. "왜 한 번도 당신이 목사라는 사실을 얘기하지 않았습니까?" 나는 설명했다. "감옥에 가게 될까 봐 겁이 났었죠." 그는 "이 나라에서 당신들이 해오던 복지 관계의 일은 계속 해도 좋소. 그리고 사람들이 개인적으로 당신에게 하나님에 대해 질문하면 대답해도 좋소. 자, 여기 카드를 주겠소. 무슨 문제가 생기면 이 카드를 보여주시오. 그러면 더 이상 아무 문제 없을 테니."

그와 나 사이의 영혼과 심장에 뭔가 엮어지는 것 같았다. 이 남자는 하나님에 대해 호기심이 있는 착한 사람이었다. 마치 아그립바와 고넬료의 중간 정도 인물과 같은 느낌이었다. 그 이후, 우리는 계속 이메일로 연락을 주고받으며 친구가 되었다. 그의 아들은 이곳 미국에서 다니는 대학으로부터 장학금을 받았고, 우리가 그 나라에 대학을 열기 원하는 만큼이나 그 역시 자신의 마음을 열었다. 그러나 이 일을 진행하며 우리가 결코 간과하지 않는 다른 한 영역이 있다. 지역에서의 사역 문제다. 우리는 이 나라에서 온 젊은 친구들이 고국에 돌아가 자신의 조국을 위해 가르칠 수 있도록 이곳 미국에서 최선을 다해 교육할 것이다. 우리 교회 가정과 연결되어 함께 지내는 학생들을 지금도 매주 교회에서 볼 수 있다.

이 학생들이 다니는 고등학교들은 이 학생들을 향한 우리 교회의 교육 목표를 잘 알고 있다. 그리고 많은 부모와 교사들 역시 그들의 가정을 이들에게 활짝 열었다. 이곳 지역 사회에서 일어나는 일들은 한 나라 전체를 변화시키는 엄청난 잠재력이 있다. 그것이 바로 글로컬 아니겠는가!

당신 DNA 안에 있는 사역

스스로 선교사라고 생각하는 교회는 교회 안의 모든 것을 변화시킨다. 이들 교회는 '선교중심'의 교회가 아니라 그들 자신이 선교사다.[1] 그들의 DNA 안에 이미 그것이 들어 있다. 교회는 실수할 수 있다는 위험을 기꺼이 감수해야만 한다. 왜냐하면, 교회가 시작된 이래로 그 어느 교회도 이제껏 들어가지 않은 영역으로 들어가고 있기 때문이다. 이 얼마나 근사하고 멋진 여행길인가! 단순히 교회를 성장시키고 건물이나 짓는 것이 아니다. 지역 교회를 통해 지역 사회에 이르고, 동시에 전 세계에 임팩트를 끼치며 교회는 성장한다.

선교가 당신 교회의 DNA에 있다면, 어떤 선교사 부부가 끼친 것보다 훨씬 더 큰 임팩트를 끼칠 재목들이 바로 회중석에 있다는 것을 알게 될 것이다.

깊이 생각하고 논의할 문제들

1. 오늘날의 교회가 지역 사회에 나누어주고 공헌하기는커녕, 지역 사회로부터 '받기만' 한다고 사람들이 보는 이유가 무엇이라고 생각하는가?
2. 당신의 교회가 그 지역 사회를 변화시키기 위해 그 지역 사회가 가장 필요로 하는 것은 무엇인가?
3. 당신의 교회는 그 지역 사회의 리더들을 위한 특별 행사를 개최한 적이 있는가? 또는, 지역 봉사활동으로 당신의 교회가 상을 받거나 인정받은 일이 있는가? 이런 기회를 증진하기 위해서는 어떤 일을 해야 한다고 생각하는가?
4. 당신의 교회에 다니지 않는 어떤 사람에게 "우리 교회가 어떤 식으로 알려져 있습니까?" 하고 질문하면 그들이 뭐라고 할 것이라 생각하는가?

8

그 지역에서 가장 큰 교회가 되길 원하는가?
아니면 그 지역을 교회화하길 원하는가?

교회의 자기 증식

변화된 개인은 건강한 교회를 만들고 그 결과 교회는 자연스럽게 성장하고 증식한다

만일 일 년에 100명으로 성장하는 교회 10개를 세우는 것과 일 년에 1,000명으로 성장하는 한 교회를 세우는 것, 이 두 가지 중 하나를 선택하라고 한다면 나는 100명이 출석하는 10교회를 택할 것이다. 왜? 때가 되면 이들 10 교회는 1,000명을 넘어설 것이기 때문이다. 교회 개척의 열정이 그들의 DNA에 있다면 10년 안에 이들은 각각 50개가 넘는 교회를 더 세울 수 있다. 그 반만 달성하더라도 250개의 교회가 더 세워질 수 있다. 그리고 바라건대, 이들 교회는 다시 또 교회를 세울 것이다. 만일, 이 교회들이 우리가 한 것을 능가해 3배로 증식한다면-사실 대부분의 경우 그렇다- 이들 10교회는 1,500개의 교회를 세우게 되며, 이들 1,500 교회가 각각 미전도 종족을 채택한다. 지역 교회가 그 원래의 목적대로 세상을 얻게 되는 것이다.

> 나는 어느 한 교회 개척을 돕는 일에 별 관심이 없다. 그것은 시간과 돈의 낭비다. 그보다는 교회를 세우는 교회들을 시작하는 데 많은 관심이 있다.

T-월드가 되기 위해서는 선교 사역을 실제로 행하는 교회와 개혁 운동에 초점을 두는 교회 증식 전략이 필요하다. T-월드는 단지 교회를

시작한다는 의미가 아니다. 그것은 개인의 삶 속에서 건강한 하나님 나라의 삶을 누리는 데 초점이 있다. 그렇게 되면, 이들 개인이 모여 자연스럽게 성장하고 증식하는 교회를 만들게 된다.

미래 교회의 핵심은 교회를 세우는 데 있는 것이 아니라 교회를 양육하는 데 있다고 나는 확신한다. 방법론으로 보자면, 교회가 교회를 세우는 것이 아니라 교회 개척자가 교회를 세운다. 모교회의 역할은 교회개척으로 부름 받은 사람들과 한편에 서서 그들이 효과적으로 그 일을 수행할 수 있도록 지원해주는 것이다. 신약을 보면, 복음을 전하기 위해 사람들이 의도적으로 계획한 방법을 사용한 예는 단 두 가지 경우임을 알 수 있다. 하나는, 일대일로 믿음을 나누는 경우다. 다른 하나는, 바울이 한 것처럼 어디를 가든지 교회를 세우는 일을 통해서였다. 전 세계의 다양한 문화 속에서 교회를 세울 수 있도록 사람들을 훈련해야 하며, 모교회는 이들 교회 개척자들을 지원해야 한다고 나는 믿는다. 오늘날, 하나님께서는 바울과 같은 교회 개척자로 사람들을 부르고 계시지만 이 일을 수행하기 위해 이들과 함께 동역하는 모교회가 많지 않은 실정이다.

교회란 무엇이며 목사는 누구인가?

세계 복음 전도에서 빠진 것이 있다면 그것은 바로 지역 교회다. 사람들은 자신이 원하는 것을 얻기 위해 지역 교회를 폭행하고 약탈을 일삼았다. 교회는 정작 개혁 운동의 선봉이고 가장 중요한 주력임에도 사람들이 교회를 그렇게 여긴 적은 결코 없었다. 성경에 따르면, 교회는 사람들의 영적 성장을 도우라는 주님의 메시지를 선포하는 그리스도의 몸이다. 그러므로 교회는 영적 군사 작전을 계획하고 수행하는 본대 기지로 봐야 한다. 교회는 영적 군사를 '내보내는' 구조다. 일부를 내보내는 것이 아니라 그 전부를……

우리가 지역 교회를 동원해 땅 끝까지 이르게 하는 것을 배울 때, 주님의 지상 명령(The Great Commission)은 '위대한 임무 완수(The Great Completion)'가 된다. 서구 교회의 소망은 다름 아닌 세계 선교를 향해 가라는 원래의 소명에 다시 연결되는지 여부에 있다고 나는 믿는다. 마태복음 11장 12절 말씀을 보자. "세례 요한의 때부터 지금까지 천국은 침노를 당하나니 침노하는 자는 빼앗느니라"

교회가 본대 기지라면, 목사는 군목이라기보다는 총공격을 위해 군사를 동원하는 군인에 가깝다. 나는 이 작전에 투입되기 전까지는 나의 새로운 임무에 대해 깨닫지 못하고 있었다. 한번은 내가 자문위원회에 이런 질문을 한 적이 있다. "당신들은 나를 설교자로 봅니까? 아니면, 목회자로 봅니까?" 그에 대한 대답이 자못 흥미롭다.

그중 한 명이 재빨리 대답했다. "둘 다 아닙니다." 나 자신과 교회의 역할을 평가하고 있던 터라 나는 매우 관심이 갔다. 다행히 그는 바로 이어서 대답했다. "밥, 당신은 군인입니다. 당신의 역할은 이 교회를 제대로 된 군대로 만드는 것입니다!"

그의 말이 옳다. 나는 담임 목사로서 새로운 패러다임으로 진입한 것이다. T-월드 모델에서 목회자의 역할은 군목/설교자에서 군인/외교관으로 구체적인 변화가 있어야 한다. 자기 영역에서만 사람들에게 동기를 부여하는 데서 벗어나 실제 작전 수행이 어떻게 이루어지는지 야전 현장의 모델이 되어야 한다. 군사를 동원하고, 전황을 분석하고, 작전을 세우고, 그리고 동맹과 연합하는 군인/외교관이어야 한다.

교회 개척 전략

교회가 그리스도의 몸이며 동시에 하나님의 나라를 세계적으로 확장하는 주요 도구라면, 이 목적을 달성하기 위한 주요 전략이란 '교회들을 세우는 것'이다. 20년 전에는 교회 설립 운동을 통해 고작해야 몇몇 부족이나 문화, 또는 한두 국가 정도가 영향을 받았다. 그러나 세계적인 교회 설립 운동(CPM: Church Planting Movement) 이 전 세계에 있는 그리스도의 몸과 연결되면 어떻게 될까? 나는 이런 비전을 위해 내 삶을 건다. 내가 60세가 될 때까지 이루고 싶은 두 가지 개인적인 목표가 있다.

- 각 미전도 종족에 교회를 하나씩 세우는 것. 그곳이 서양이든 이 세상 어느 다른 곳이든 상관없다.
- 미전도 종족들이 그들 자신의 교회 설립 운동을 일으키도록 돕고 섬기는 것. 이 운동은 또 다른 나라로 전파될 것이다.

단지 당신 교회에 국한된 문제가 아니다

교회 설립을 시작하기 위한 전략 중 가장 좋은 방법 한 가지는 이 일이 자신의 영토 확장이라는 생각이 들지 않도록 상기시키기 위해

> 나는 "사상 초유의 세계적인 교회 설립 운동"의 일부가 되기를 원한다.

주위에 교회를 시작하는 것이다. 이 방법은 교회 사이의 경쟁의식을 빨리 극복할 수 있는 최선의 방안이다. 우리가 처음 교회를 세우기 시작했을 때, 현재 가지고 있는 건물이나 대지에 들어맞는 것 그 이상을 바라봐야만 한다는 것을 깨달았다. 우리는 샘 칼맥(Sam Carmack)이라는 젊은 목회자가 베어 밸리 커뮤니티 교회 세우는 것을 도왔다. 그 후, 도우그 워커(Doug Walker)라는 또 다른 젊은 목사가 휄로우십 교회를 세우는 데 도움을 줬다. 오늘날, 미국 전역에 80개 정도의 교회를 세웠는데 그 중 일곱 개가 우리 지역에 있다.

글로컬네트(지역적으로 그리고 전 세계적으로 영적 변화를 진척시키는 지도자들의 네트워크로서 저자인 밥 로버츠 목사가 설립했다.-역자 주)와 연결된 한 재능 있는 목사의 교회는 이미 3,000명 정도가 출석하는 7년 된 교회였다. 최근 부활 주일날, 그가 내게 전화를 했다. "밥, 안 믿기겠지만, 새로 세운 교회 중 한 곳은 400명이 넘었고, 또 한 교회는 500명이 넘었어요!" 그는 자신이 속한 지역에 세운 교회의 성도수가 모두 5,500명이라는 사실보다 새롭게 세운 교회의 출석률에 더 흥분하고 있었다. 이런 경험은 나에게도 있다. 우리가 도와서 미 전역에 세운 교회들을 지나칠 때마다 그 일부를 감당했다고 생각하면 정말 흥분이 된다.

어떤 사람들은 묻는다. "성공적인 교회를 세우는 데 실패한 적은 없나요?" 물론, 우리는 실패도 경험했다. 교회를 세웠지만 살아남지 못한 것이다. 그러나 '선교'라는 열정이 당신 교회의 DNA 안에 있다면, 성패와 상관없이 이 일은 계속될 것이다. 또 이런 질문도 있다. "교단 내에서만 그런 사역을 하나요?" 그렇지 않다. 교단과 상관없이도 이 사역을 한다. 우리 교단이 아닌 세 교회가 설립 초창기에 조언이 필요해서 그들을 돕기도 했다. 당신과 매일 마주치는 사람들, 그들을 섬기는 것이 바로 주님께서 당신에게 주신 사역의 책임이다. 당신은 자신이 속한 지역 사회에 손을 뻗어야만 한다.

이런 의미에서, 교회는 '성장'뿐 아니라 '건강'에 적절하게 신경을 써야 한다. 많은 목회자들이 그 지역 사회에 대한 소명을 받았다고 말하지만, 정작 자신의 경계에서만 멈춘다는 것은 참으로 애석한 일이다. '그 지역 전체를 교회화'하는 소명을 받았다는 것을 이들이 알 수 있다면 얼마나 좋을까! 주어진 어느 지역 사회에서든 서로 다른 사람들의 그룹에 이르기 위해서는 T-월드라는 새로운 지평으로 움직여야 하며, 또한 당신 주위에 다양한 형태의 여러 교회를 세워야 함을 의미한다.

가정 교회일 수도 있고, 카우보이 교회일 수도 있다. 포스트모던 교회, 현대 교회, 부랑자들을 위한 교회일 수도 있고, 구도자들을 위한 교회일 수도 있다. 그러나 지역 사회만으로 멈추어서는 안 된다. 당신이 속한 주(州)로, 그다음은 전국으로 나아가야 한다. 그러나 거기에 멈추어서도 안 된다. 미전도 종족에 초점을 맞추고 세계를 바라보라. 인류 역사상 전례 없는, 온 세상을 떠맡는 '하나님 왕국 교회' 시대가 지금 우리 눈앞에 펼쳐져 있지 않은가!

한 모델을 그대로 모방하는 데 따르는 위험

다시 생각하기 위해 지금은 배워야 되는 때다. 한때 지역 사회에서 가장 현명한 사람은 목사였던 시절이 있었다. 그러나 슬픈 일이지만 이제 더 이상 그렇지 않음을 알아야 한다. 오히려 목사들은 많은 부분에서 무지하다. 언젠가 목회자를 청빙하기 위해 친구에게 추천을 부탁한 적이 있는데, 그가 말하기를 "밥, 그는 아는 것은 별로 없지만 아주 열정적이야"라고 했다. 그런데 정말 그게 사실이었다. 이제 이 시대는 그 어느 때보다도 사고하며 지성을 활용해야 하는 때다.

교회들을 세우는 일은 교회가 할 수 있는 일 중 가장 긴밀하게 상호 연결된 전략 중 하나다. 이는 결코 어느 한 영역의 문제가 아니다. 한 영역은 언제나 다른 영역으로 확산하여 연결된다. 그래서 우리는 전 세계의 폐쇄 국가에서 가정 교회 사역도 하고 있다. 큰 교회, 작은 교회, 또는 중형 교회를 세우며 카우보이 교회, 교단에 속한 교회, 포스트모던 교회, 특정 민족 교회 등 여러 종류의 교회를 세운다.

모방에는 절대 창의성이 없다.

이러한 다방면에 걸친 작업은 우리가 교회 개척을 연구하고 시스템과 목표를 가지고 전략을 수립한다고 해서 이루어지는 일이 아니다.

어떤 한 모델을 찾아 그대로 모방한다고 되는 것도 아니다. 모델이란 모방하기 위해 있는 것이 아니라, 배워서 우리가 처한 독특한 상황에 맞추어 적용하기 위해 있는 것이다. 우리는 다른 교회가 잠깐 반짝하고 유명해지는 것에 현혹되어 정작 건강한 교회가 되는 것에 대해서는 너무나 쉽게 잊어버리곤 한다. 교회가 다른 교회를 증식하는 번식 능력이 없다면 어떻게 '건강한 교회'라 할 수 있겠는가? 어떤 전략이 주효했다고 해서 그 전략을 결코 그대로 채택해서는 안 된다. 어떤 것을 모방한다는 것은 좋은 점을 모방할 수도 있지만 무의식중에 안 좋은 점을 모방할 수도 있는 위험이 있다.

3보 전진, 2보 후퇴

우리 교회는 교회 개척에 대한 대부분의 지식을 3보 전진하고 2보 후퇴하는 식의 씨름을 통해 얻었다. 전략이란 반드시 하나님께서 주신 목적과 미래에 대한 비전을 이루기 위해 우리에게 소명을 주시고 참여케 하신 그 모든 일에 대한 점진적인 이해와 맞아떨어져야만 하는 이유가 바로 여기에 있다. 문제는 "어떤 모델을 따라야 하는가?" 하는 것이 아니라 "내가 속한 지역 사회는 어떠하며 그들은 어떻게 생각하는가?"이다. 이것이 바로 한 모델을 모방하는 것과 교회를 디자인하는 것의 차이다.

> 교회를 세우는 교회들은 다름 아닌 교회를 증식시키는 유전 형질, 즉 그 DNA에 의해 하나로 결집된다.

내 목표는 교회가 T-모델을 아주 세세한 부분에 이르기까지 그대로 따르게 하는 것이 아니라, 각자의 독특한 상황에 맞춰 T-모델의 디자인과 기본 원리를 따르도록 하는 것이다. 그러면 교회는 점점 다양해지고 다채로워질 것이다. 오늘날처럼 문화가 다양해지고 나눠진(애석하게도) 적이 없었기에 교회도 다양한 형태로 표출될 것이다. 어느 두 사람도 완전히 똑같을 수 없듯이 교회도 마찬가지다. 각 지역 사회마다 역사, 인구 통계, 행동 양식, 가치관, 경제 상황 등이 다르다.

교회를 발전시켜나가는 전략은 결코 영원히 지속되는 것이 아님을 명심해야 한다. 전략의 함정은 자칫하면 고정되고 유연성을 잃게 된다는 데 있다. 신학 교수인 로이 피쉬(Roy Fish)의 말을 나는 좋아한다. "한 세대의 한 가지 방법론과 결혼하라. 그럼 다음 세대에는 과부가 될 것이다."[1] 그의 말이 맞다. 이 책의 모든 전제는 상황은 변한다는 것이다. 당신은 누구이며 하나님께서 당신에게 주신 소명은 무엇인지 하나님의 계획을 이해할 때만이 현재나 미래의 교회를 위해 일할 수 있다. 변화는 너무나 빨리 일어나고 있으며 하나님은 항상 뭔가 새로운 것을 사용하신다. 하나님과 문화의 흐름에 함께 흘러가는 자만이 살아남아 적절하게 상응할 수 있을 것이다. 교회 개척은 패키지로 된 어떤 프로그램이 아니다. 그것은 자연스럽고 유기체적인 흐름이다. 어떤 이들은 이러한 사실에 겁을 낼지 모르겠다. 이 일은 일단 한 번 시작되면 결코 되돌릴 수 없는 일이다.

교회 증식에 대한 주요 묘사

앞 장에서 지역 사회와 세상을 흔들어 놓을 글로컬 교회에 대한 다섯 가지 핵심 요소를 소개하며 간단한 설명을 덧붙였다. 지역 사회 개발과 관련해 교회의 신비스러운 요소와 글로컬한 요소를 살펴보았다. 이제부터 교회 증식과 관련된 남은 세 가지를 살펴보고자 한다.

온 세상을 뒤흔들어 놓는 교회는 증식한다

사상 초유의 글로벌 교회 개척 운동은 어떤 종족이나 그룹, 또는 한

국가를 넘어 모든 인종과 국가를 망라한다. 토요일 저녁이면 나는 종종 아시아 사람들, 오스트레일리아 사람들, 그리고 온 세상의 곳곳에서 이미 하나님께 대한 경배를 시작하고 있겠구나 하는 생각을 하곤 한다. 주일 아침, 강대상에 오를 때면 이미 세상의 대부분은 예배를 드렸고 우리 서양이 제일 마지막으로 예배를 드린다는 생각에 자극을 받는다. 하나님의 나라를 수용할 정도로 큰 건물은 이 세상에 없다. 하나님의 나라는 그만큼 크다.

사역 초기에 나는 하나님의 나라가 성장하는 것을 우리 교회와 우리 종족에게 무슨 일이 일어나고 있는 지로 정의했었다. 그러나 하나님 나라에 대한 비전은 우리가 볼 수 있는 것으로 한정되어서는 안 된다. 내가 우리 교회와 우리 종족에만 초점을 맞춘 것은 다른 종족을 존중하지 않아서가 아니다. 단지 나는 그들에 속해 있지 않고, 따라서 그들에 대해 잘 모르고 있었기 때문이다. 교회들을 세우는 일, 해외에서 사역하는 일, 그리고 그리스도 몸의 다른 지체들과 네트워크를 하는 일에 참여하면 할수록 하나님의 나라가 얼마나 강력하며 광대한지 보게 된다.

사회과학자나 역사가들은 역사와 기술에서 한 학문이 폭발하듯이 터져 나와 세상을 급격하게 변화시키는 요체를 설명한다. 오늘날 인터넷 통신, 의학, 에너지, 교통수단, 컴퓨터, 디지털 매체 등 모든 학문과 기술 분야는 폭발하고 있다. 이러한 것들을 이용해 우리는 주님의 지상 명령을 완수할 수 있다. 교회는 이미 충분히 크고 성령의 역사 역시 충분히 강력하다. 문제는 우리의 꿈이 충분히 크지 않다는 데 있다. 교회 성장에 대해 얘기하는 많은 사람들이 넓은 땅을 사서 수천 명을 수용하는 큰 강당을 짓는 그림을 그리고 있다. 그것도 큰 꿈이기는 하다. 그러나 하나님의 꿈은 그보다 훨씬 크다. 하나님은 화폭에 단지 수천 명이 아니라 인류 전체를 담고자 하신다.

교회들의 폭발적 확장은 정말 놀라운 일이다. 우리의 맨 처음 목표는 5년 안에 교회 3개를 세우는 것이었다. 지금까지 우리는 80개가 넘는 교회를 세웠다. 매년 한 명의 교회 개척자 인턴으로 우리는 시작했다. 지금 우리는 올 한 해만도 10개의 개척하는 교회를 세우는 데 도움을 줄 18명의 인턴이 있다. 만일 우리가 그 자체로 끝나고 말 교회 하나만을 세우는 데 모든 자원을 투자한다면 그것은 시간과 돈의 낭비다. 그러나 또 다른 교회를 세우고자 하는 교회의 개척에 초점을 맞춘다면 우리의 성과는 극적으로 증가할 것이다.

이런 이유 때문에 우리는 교회 개척자에게 요구하는 특정 사항이 있다. 나는 교회 개척자를 찾는 것이 아니라 교회 개척자를 훈련시키고 준비시켜 배치할 수 있는 사람을 찾는다. 교회 증식이라는 사고방식에서는 10년 안에 만 명의 교회로 성장하는 한 교회보다는, 단 한 교회를 세워 10년 안에 그 교회로부터 10개의 교회를 증식시키는 교회 개척자가 더 중요하다. 자(子)교회(daughter church)보다 손자 교회(grand-daughter church)가 많을수록 교회는 더욱 증식한다.

올해 우리 교회는 3,600명을 넘어설 전망이다. 하지만 노우스우드 교회에 있는 사람들이 전부가 아니다. 우리 교회는 지역에서 성장할 것인가? 물론이다. 단 하루에 수천 명으로 성상하는 교회가 될 것인가? 곧 그렇게 될 것이다. 어떻게? 기하급수적인 증식 때문이다.

미래 교회를 위해 어떤 일을 하고 싶은가? 바로 오늘 자교회를 세우는 것보다 더 위대한 일은 없다.

만일 우리가 오직 우리 자신에게만 초점을 맞췄다면 만 명, 만 오천 또는 이만 명의 교인으로 그쳤을 것이다. 애초에 선교적인 DNA가 없었다면 이 시점에서 그 DNA를 주입한다는 것은 불가능하다. 자교회를 세울 것인가 아니면 자신의 지역 교회를 성장시킬 것인가 하는 논쟁에 휩싸인 교회는 둘 다 잃는다. 그렇다면, 해답은? 둘 다 하는 것이다. 어느 한쪽을 하지 않는 것이 다른 한쪽을 하지 않는 것에 대한 변명이 될 수는 없다. 증식하는 교회들로 해서 우리는 사상 초유의 글로벌 교회 세우기 운동이 빠르면 금세기 20년 이내에 떠오르는 것을 볼 수 있게 되었다.

온 세상을 뒤흔들어 놓는 교회는 서로 협력한다

세상을 뒤흔들어 놓는 일은 이미 우리가 살펴보았듯 당연히 우선 자신이 속한 교회의 일원들을 동원하는 것에서부터 시작한다. 그러나 또한 그것을 넘어서 하나님 나라의 확장을 원하는 모든 믿는 자들을 네크워크해 함께 일하는 것을 의미한다.

협력 사역은 개인 차원을 넘어선다. 하나의 교회가 세상을 이길 수는 없다. 그러나 글로컬 교회는 서로 협력함으로써 세상을 이긴다. 그리스도의 몸의 지체로서 협력 사역은 우리 모두를 필요로 한다. 서로 힘을 합해 함께 서지 않으면 홀로 죽게 된다. 우리가 정말 한 몸이라면, 바울이 고린도전서에서 설명했듯 흐르는 피를 멎게 하고, 상처를 꿰매어 완전한 회복을 위한 수술을 시급히 해야 한다. 주님께서 우리의 상처를 치유하고 우리를 다시 회복하도록 한다면 우리는 건강해질 것이다. 이러한 영적인 수술을 단지 한 교회만이 받는다고 상상해보자. 아마 군데군데 상처투성이인 프랑켄슈타인과 같은 흉측한 괴물이 되지 않을까?

성경 전체에서 가장 자주 나오는 단어 중의 하나가 '함께'라는 단어다.

그리스도 안에서 함께! "두 세 사람이 내 이름으로 (함께) 모인 곳에는 나도 그들 중에 있느니라"(마태복음 18:20)(영어 성경에는 'together'가 나온다-역자 주)

성령 안에서 함께! "오순절 날이 이르매 저희가 그들이 한 곳에 모였더니"(사도행전 2:1)

교회 안에서 함께! "날마다 마음을 같이 하여 성전에 모이기를 힘쓰고 집에서 떡을 떼며 기쁨과 순전한 마음으로 음식을 먹고"(사도행전 2:46)

섬김 안에서 함께! "그의 안에서 건물마다 서로 연결하여 주 안에서 성전이 되어 가고 너희도 성령 안에서 하나님이 거하실 처소가 되기 위하여 예수 안에서 함께 지어져 가느니라"(에베소서 2:21-22)

능력 안에서 함께! "믿음으로 말미암아 그리스도께서 너희 마음에 계시게 하시옵고 너희가 사랑 가운데서 뿌리가 박히고 터가 굳어져서 능히 모든 성도와 함께 지식에 넘치는 그리스도의 사랑을 알고"(에베소서 3:17-18)

무리 안에서 함께! "그 후에 우리 살아남은 자들도 그들과 함께 구름 속으로 끌어올려 공중에서 주를 영접하게 하시리니"(데살로니가전서 4:17)

지역 교회든 글로벌 교회든 "하나 됨"은 선택 사항이 아님을 성경은

분명히 말한다. 한 사람의
능력 있는 목회자나 부흥사
가 주도한 과거의 교회 운동
과는 달리 이제는 한 개인이

> *위대한 꿈을 이루기 이해서는 위대한 한 개인이 필요한 것이 아니라 위대한 다수가 필요하다.*

그런 일을 주도할 수 있는 시대가 아니다. 내 꿈은 사상 초유의 글로벌 교회 개척 운동의 일부가 되는 것이다. 이러한 운동이 역사가들의 시선을 잡아 교회 개척 운동에 대해 다음과 같이 결론을 내리는 것을 보는 것이 나의 꿈이다. "이 일은 그들 중 어느 한 사람에 의해 일어난 것이 아니다. 그들 모두가 함께 협력했기에 이 일은 가능했다." 협력 사역은 한 교회나 한 개인이 할 수 있는 것보다 훨씬 큰일을 가능케 한다. 개인적으로는 결코 우리가 가고자 하는 곳에 이를 수 없다. 퍼즐 맞추기의 모든 조각을 가진 이는 없으며 앞으로도 없을 것이기 때문이다

협력 사역이란 또한 모든 개인마다 역할이 있음을 의미한다. 함께 일하는 법을 배우면 모두가 각자의 역할에 서로 의지해야 함을 알게 된다. 아직도 그리스도에 대해 듣고 영접해야 하는 사람들이 인구의 몇 퍼센트니 하는 것에 대해 걱정하지 말라. 어떤 특정한 일에 온전히 충실하게 헌신했다면 당신은 전체적인 대의명분에도 충실할 것이다. 하나님께서 당신 마음에 어떤 나라로 가서 그들을 터치하라고 영적 부담을 주시는 그 나라에 어떻게 다가갈 수 있을지 염려하지 말라. 그 나라가 열려있다는 것이 반드시 그곳 사람들이 주님을 따를 거라는 말은 아니다. 예를 들면, 타일랜드는 선교가 허용되어 있다. 그러나 그곳의 교회는 전반적으로 힘이 없는 상태다. 반면, 중국은 선교가 금지되어 있지만 교회는 생명으로 가득 차있고 누구도 그들을 막을 수 없다.

바울은 자신을 다른 사람들의 동료로 여겼다. 주께서 주신 사명을 완수하는 교회는 항상 다른 사람들을 참여시켜 협력하도록 한다.

온 세상을 뒤흔들어 놓는 교회는 폭넓은 넉넉함으로 충만하다

나는 우리 교회의 교회 개척자들에게 모든 모델로부터 배우라고는 하지만 그 어떤 모델도 모방하지는 말라고 분명히 말한다. 하나님의 나라는 너무나 방대해서 여러 형태로 존재하지 결코 어떤 한 가지 형태로 제한되는 것이 아니다. 교회는 그 교회가 속한 문화 안에서 움직인다. 교회는 하나님 나라가 확장되는 수단이다. 그러나 하나님이 역사하시는 방법은 매우 독창적이며 그 폭이 넓고 문화마다, 또 그 시대에 따라 다르다. 교회 개척자들에게 내가 항상 하는 말이 있다. "여러분, 이곳에서 나가 어딘가에서 노우스우드 교회 방식을 그대로 해보십시오. 분명 실패할 것입니다. 그보다는 자신을 알고, 다른 사람들, 그리고 하나님 말씀을 알고 당신 중심으로부터 우러나온 그런 교회를 디자인하십시오." 넉넉함으로 충만한 교회는 그리스도의 몸 안에 있는 그 다양성을 즐기며 그 가치를 잘 알고 있다.

즉, 그 모든 다양한 여러 가지 형태를 의혹의 눈으로 바라보기보다는 이들을 즐길 수 있다는 말이다. 폭넓은 교회는 다양성을 배척하는 것이 아니라 포용하며 즐긴다(에베소서 3:6-11). 우리가 서로 지지하고 긍정할 때, 우리에게는 엄청난 에너지가 충전된다.

폭넓은 교회는 다음과 같은 특징이 있다.

- ▶ 모든 인종을 중요하게 여긴다. 베트남인, 히스패닉, 중국인, 앵글로 등 이 모든 인종을 하나님께서 귀히 여기시기 때문이다.
- ▶ 모든 계층을 중요하게 여긴다. 부자든 가난한 자든 혹은 그 중간이든 이 모든 계층을 하나님께서 귀히 여기시기 때문이다.
- ▶ 모든 나라를 중요하게 여긴다. 이라크, 이란, 북한, 수단, 리비아, 심지어 쿠르드 정부나 팔레스타인의 잘 알려지지 않은 나라

조차도 하나님께서 귀히 여기시기 때문이다.
- ▶ 모든 종족을 중요하게 여긴다. 체로키족, 샤쇼니(Shashonee)족, 피그미족 등 모든 종족을 하나님께서 귀히 여기시기 때문이다.
- ▶ 모든 문화를 중요하게 여긴다. 전근대 문화, 근대 문화, 포스트모던 문화 등 이 모든 문화를 하나님께서 귀히 여기시기 때문이다.

자신과 연관된 것으로만 교회를 한정하는 사람들은 편협하다(어떤 이들은 이를 집중되어 있다고 하겠지만). 이들은 천국에 이르러서야 깨닫게 될 것이다.

내 주위의 서양인들이 종종 이런 말 하는 것을 듣곤 한다. "우리의 강점은 다양성에 있다." 그러나 이런 말을 하는 사람들은 거의 예외 없이 우리 백인들 아닌가! 이들은 모두 똑같은 방법을 사용하며, 결과적으로 그들의 교회는 사실상 거의 똑같다. 달라스나 LA, 또는 워싱턴 DC에 있는 교회를 한번 방문해보라. 눈에 띄는 차이를 발견할 수 없을 것이다. 다양성이란 단지 당신이 속한 교회가 히스패닉 교회에 장소를 빌려주거나 몇몇 흑인들이 교인으로 등록되어 있다는 것 이상을 의미한다. 대체로 우리 백인들은 한 가지 스타일과 체제, 한 인종으로 살아온 것이다.

하나님의 나라는 그 무엇보다 크다

언젠가 나는 교회 개척에 대해 강의하기 위해 능력 있는 부목사인 퍽 프랭크 댕(Phuc Frank Dang)과 함께 신학대학으로 운전해 가고 있었다. 그때 그는 자신이 교회를 개척하면 어떻겠느냐고 하며 말을 하기 시작했다. 그는 중국인, 베트남인, 라오스인 및 한국인 등 아시아인들을 위한 2세 교회에 대한 비전이 있었다. 그가 한참 그 일에 대한 장단점을 얘기하고 있을 때, 나는 그에게 베트남인들 그 이상을 바라보라고 그에게 도전을 주었다. "프랭크, 하나님 나라는 그 어떤 인종이나 국가보다 크다는 것을 잊지 말게."

나는 좀 더 그에게 도전을 주기 시작했다. "프랭크, 자네는 단지 베트남인들뿐만 아니라 전체 그리스도의 몸을 위한 선물이고 축복일세. 이봐, 내가 자네를 사랑하는 이유는 자네가 베트남인이라서가 아니라네. 있는 그대로 프랭크로서의 자네를 사랑한다네."

넉넉함을 실천하는 교회는 증식하며 결코 한 인종에 머무르지 않고 주류 사회에서 지도자의 역할을 한다. 우리가 다른 교회를 세운다면 다민족 교회를 세울 것을 계획하고 있다. 나는 이러한 다민족 교회가 장래에 크게 성장할 형태라고 믿는다. 한 걸음 더 나아가 교인뿐 아니라 교회의 모든 스태프 역시 똑같이 여러 인종으로 구성할 것이다. 우리 노우스우드 교회는 하나님 나라의 확장을 배우면서 단지 백인 인턴만을 고용하거나 백인 교회만을 도시 근교에 세우는 데서 벗어나 여러 인종을 위한 교회를 여러 다른 장소에 세워 왔다.

교회가 포용적이란 말은 무슨 의미인가? 이것은 매우 중요한 문제다. 전반적으로 백인 교회는 다른 인종을 존중하고 그 가치를 인정한다. 또한, 다른 인종을 어떤 식으로든 돕기를 원한다(우리에게 피해를 주거나 방해하지 않는 한). 그러나 확신하건대 우리 백인 교회는 그들을 무시해왔다. 그들을 우리보다 못한 존재로 보아온 것이다. 그렇지 않다면 우리 사역 회의에 온통 백인 일색일 수는 없는 일이다. 나 자신도 여러 해 동안 백인 중심의 시각을 가지고 있었다는 사실에 마음이 아프다.

최근 신학대학에서 강의할 때, 하나님께서 교회 증식을 통해 어떤 일을 하시는지에 대해 나누고 있었다. 그때 우리 교회의 인턴인 두 명의 국제 교환 학생이 그 강의를 듣고 있는 것을 알게 되었다. 나는 그들이 눈치 못 채게 그들의 이름을 밝히지 않고 그들의 얘기를 하기 시작했다. 사람들은 두 명의 젊은이가 복음을 위해 얼마나 큰 대가를 치렀는지 듣고 큰 감명을 받았다. 나는 아무 일도 아니라는 듯이 말했다. "아, 그런데 바로 그 두 명의 젊은이가 여러분과 함께 수업을 듣고 있네요." 강의실이 발칵 뒤집혔다. 어떻게 그런 특별한 사람들이 그들과 함께 그 강의실에 있게 되었는지 그들은 도저히 믿을 수가 없었다. 그들은 이 두 학생에게 무례한 적은 없었지만 대부분의 학생들이 이 두 학생을 "보는" 데는 실패했던 것이다.

우리 목사님은 흰 피부를 가진 동양인

몇 달 전 아내와 아이들과 쇼핑몰을 걷고 있었다. 딸아이와 아들 녀석이 속삭이는 것을 들었는데 "하나, 둘, 셋…" 하며 뭔가 세고 있는 것처럼 들렸다. 그리고는 마치 무슨 비밀스런 농담이라도 나눈 것처럼 둘이 함께 미소 짓는 것이었다. 이런 일이 한 시간가량 지속되자 나는 마침내 물었다. "뭐 하고 있는 거니?"

벤이 말했다. "아빠, 동양인 게임을 하고 있어요."

"그게 뭔데?"

"우리가 동양 사람을 보게 될 때마다 아빠가 그를 알아보고 대화를 시도할 때까지 숫자를 세는 거죠."

맙소사! 나는 지금은 모든 인종, 특히 동양인들을 사랑하게 되었지만 그것은 불과 몇 년 전부터였다. 세계를 여행하지 않았더라면 동양인들에 대해 이런 식의 느낌을 갖게 되지 않았을 것이 분명하다. 지구 반대쪽에 있는 그들과 상호 작용을 시작하면서 우리는 마치 그들을 처음 보기라도 한 듯 갑자기 그들을 이곳에서 보기 시작한 것이다. 그들이 갑자기 미국에 오기 시작해서 그들을 보게 된 것이 아니라, 이미 이곳에 있는 그들을 우리가 처음으로 보기 시작한 것이다.

어느 수요일 저녁, 동양인인 한 인턴이 무심코 한 말은 우리 교회에 대한 최대의 찬사였다. "제가 처음 이곳에 왔을 때 저는 백인 교회에서 인턴을 하며 백인 교사가 저를 도울 거라고 생각했죠. 그러나 여기 있는 모든 분들은 동양인이라는 느낌이 듭니다. 목사님도 동양인이시죠. 단지 흰 피부를 가지고 계시지만 말이죠."

누구도 예외는 없다

언젠가 내 사무실을 찾아와 히스패닉 교회를 세우고 싶다고 한 남자를 나는 결코 잊지 못할 것이다. 그는 자신의 관점을 강조하기 위해 나를 창가로 데려가 교회 주변의 집들과 뜰을 가리키며 말했다. "가정부, 정원사, 그리고 도로 공사하는 이들……. 이 모든 사람들이 멕시코에서 왔습니다." 그다음에 그가 무슨 말을 할지 생각하고 나는 겁에 질렸다.

그는 창문을 탁탁 두드리며 선포하듯이 말했다. "불법 이민자들을 위한 교회를 세우고 싶습니다."

내 첫 반응은 소심 그 자체였다. "그것은 불법이잖습니까?"

그때 문득 내 머리를 스쳐 지나가는 것이 있었다. 우리가 지구의 여러 다른 나라에서 한 사역도 그 나라에서는 불법이지 않은가! 이들 멕시코인들이 미국 시민이 아니라고 해서 복음을 받아들이면 안 되기라도 한단 말인가? 바로 그 순간, 하나님께서는 내가 주위에 있는 사람들과 그들의 필요에 대해 얼마나 눈이 멀어 있었는지 깨닫게 해주셨다.

교회가 폭넓다는 것은 인종과 문화, 예배 형식을 초월한다는 생각이 퍼뜩 들었다. 노우스우드 교회에서 예배드릴 때 나는 하나님을 경험한다. 그러나 또한 천주교 신부인 헨리 누엔과 함께 장로 교회의 예배에서 예배드릴 때에도 나는 하나님을 경험했다. 매 예배 때마다 예배의 실체를 경험하기보다는 예배 형태를 하나님과 대화하는 능력으로 관련

짓는다는 것은 얼마나 비극적인 일인가! 멋진 교회, 초라한 교회, 열린 교회, 지하 교회, 은사 교회, 전통 교회, 현대 교회… 하나님은 이 모든 형태의 교회에 존재하신다. 교회가 진정 살아있다면 그 교회의 유일한 기능은 하나님의 나라가 사람들의 실제 삶에 흘러들어가도록 하는 것이다.

형식에 사로잡힌 사람들은 결코 이것을 이해할 수 없다. 형식이란 목표가 아니라 단지 잠시 동안의 중간 경로다. 정작 중요한 것은 형식이나 목사, 또는 설교 방식이 아니라는 것을 발견하기 전까지 나는 형식이 중요하다고 생각했었다. 우리는 오직 주님에게만 초점을 두고 주님께만 집착해야 한다.

좋은 소식이 하나 있다. 대부분의 신생 교회는 10년 이상 된 교회로부터 나온다는 것이다. 이 말은 어느 기존 교회든 교회 증식에 참여할 수 있다는 말이다. 그러나 안 좋은 소식도 하나 있다. 기존 교회의 대부분이 한 번도 교회를 세운 일이 없다는 것이다. 이렇게 되면 기존 교회나 신생 교회나 모두 교회를 세우는 일이 어려워진다. 이에 대한 해답이 있는가? 양면 작전을 쓰는 것이다. 신생 교회가 또 다른 교회를 세우는 교회가 되도록 처음부터 새로운 DNA를 주입하는 동시에 기존 교회가 정규적으로 새로운 교회를 세울 수 있도록 해야만 한다.

교회 개척 vs. 하나님 나라의 확장

교회가 그 자리 잡은 곳에서 성장하지 못하고는 절대 세상에 임팩트를 끼칠 수 없다. 세상과 교회 개척을 외면하고 무시하는 교회는 결코 성경적인 교회가 아니다. 성장과 교회 개척은 동시에 일어나는 뗄 수 없는 관계다. 사람들이 "먼저 여기서(교회의 크기를 말하면서) 성장한 다음 그리고 나서 다른 교회를 세우겠다"고 말하는 것을 듣는다. 그들은 잘못 이해하고 있다. 마찬가지로 "우리 교회에 초점을 맞추는 대신

다른 교회를 세우겠다"는 말도 무지의 소치다. 교회 성장과 교회 개척, 이 둘은 이것 다음에 저것이 아니라 동시에 함께 일어난다.

알다시피 중요한 것은 교회 개척 자체가 아니라 하나님 나라를 확장한다는 것이다. 교회가 하나님 나라를 정의하는 것이 아니라 하나님 나라가 교회를 정의하도록 하라. 이 말은 무슨 말인가? 바로 다음과 같은 의미다.

- ▶ 지역 교회는 최상의 상태를 유지함으로써 살아 움직이는 하나님 나라를 표현해야 한다.
- ▶ 한 지역 사회나 어느 특정 그룹을 겨냥한 교회를 세우지 말라. 특정 그룹을 가진 그 지역 사회에 기반을 두되 전 세계를 위한 교회를 세우라.
- ▶ 성장이라는 데 집착해 임시 처방을 하지 말고 영원이라는 관점에서 생각하라. 친구인 릭 워렌 목사가 내게 이런 말을 한 적이 있다. "잠시 머무르는 목사가 아니라 한 교회에 평생 있는 목사가 혁신적인 결정을 한다."
- ▶ 마찬가지로, 하나님 나라와 하나님께 영광을 돌리려는 열정으로부터 출발한 교회는 단지 "사람들이 이 지역으로 몰려드니까" 시작된 그런 교회와는 완전히 다르다.
- ▶ 초점을 교회 개척 자체가 아니라 하나님 나라에 둘 때, 더 이상 교회 간의 경쟁은 설 자리가 없게 된다. 하나님 나라를 확장하는 것에 초점을 맞추면 다른 교회나 그들이 세우는 또 다른 교회는 경쟁 상대가 아니라 파트너다.
- ▶ 모든 자원은 교회 안에 쌓아두지 말고 교회 밖으로 함께 나누라. 당신 교회에 좋은 일이 하나님 나라를 위해서는 최선이 아닐 수도 있음을 명심해야 한다. 관대한 행위는 자기 교회 교인들끼리 만의 차원을 넘어 다른 교회, 다른 지역 사회로, 그 지

역에서 그 나라 전체로, 그리고 전 세계로 확장되어야만 한다.

▶ 하나님의 나라를 찬양하라. 하나님께서 소명을 주셔서 다른 교회를 세우게 하신 당신 교회 교인들의 삶 속에서 살아 역사하시는 하나님을 전파하라.

단지 교회를 세운다고 해서 세상을 변화시키는 데 이바지하는 것은 아니다. 교회는 반드시 세상과 연결되어야만 한다. 어떻게 하면 교회가 세상과 연결될 수 있을까?

깊이 생각하고 논의할 문제들

1. 당신이 속한 지역 사회의 인종, 경제 및 인구 통계 구조는 무엇인가?
2. 당신의 교회는 최대 몇 인종의 사람들과 연관되어 있는가? 당신 교회가 자연스럽게 연결할 수 없는 인종이 있다면 그들은 누구인가?
3. 지역 사회에 임팩트를 끼치기 원한다면 우리가 맨 처음 세워야 할 교회는 어떤 교회인가?
4. 당신의 교회가 설립된 때는 언제인가? 당신의 교회가 처음으로 다른 교회를 세운 것은 언제인가? 다음 교회는 언제 세울 수 있는가?

9

빌리 그래함과 테레사 수녀를 조합한 교회

열방 세우기
최대의 글로벌 임팩트를 위해 그 나라의 실제적인 하부구조에 영향력을 행사한다

많은 교회들이 얼마간의 돈을 내고 선교 여행을 한다. 그러나 내가 보기에 세상을 구하기 위해 의지적으로 모든 것을 희생하는 일은 없는 것 같다. 최소한 아직까지는 말이다.

다른 교단에서 자기 교단의 대형 교회 목사를 해외 "비전 트립"에 데려가 줄 것을 내게 부탁하면 한두 명을 데리고 갈 때가 있다(전체 그룹을 데리고 가기에는 나의 일정이 너무 빡빡하다). 그들의 첫 번째 질문은 주로 "제가 언제 설교하면 됩니까?"이다.

내 대답은 이렇다. "설교하실 일은 전혀 없습니다. 자, 21세기 선교 현장에 오신 것을 환영합니다."

우리가 그곳에 가는 이유는 설교하기 위해서가 아니라 섬기기 위해 가는 것이다. 중요한 것은 설교가 아니라 하나님 나라다. 마루를 청소하는 등 섬기면서 우리 교회 성도들이 그들의 재능을 이용해 그 나라의 여러 기관과 연결될 수 있도록 하는 것이 목사인 우리의 주요 임무다.

변화된 삶을 보여주기

T-월드의 열방 세우기란 전 세계를 변화시키기 위해 사업, 무역, 교통 및 기타 기반구조를 이용해 다시 적어가는 사도행전 이야기다. 교

회의 일반 성도들이 자신의 직업과 변화된 삶을 통해 열방을 터치하는 이야기가 바로 열방 세우기다. 서구인들에게 누가 최고의 크리스천이냐고 묻는다면 빌리 그래함이라고 말할 것이다. 서구인이 아닌 사람들에게 같은 질문을 한다면 테레사 수녀라고 할 것이다. T-월드는 이 둘의 조합이다. 즉, 섬기면서 동시에 담대하게 복음을 선포하는 것이다. 복음을 일종의 종교적인 미끼로 사용하는 것이 아니라 사람들이 그리스도를 따르든 따르지 않든 오직 사랑하기 위해 사랑하는 일이다. 우리 안에 있는 하나님 나라가 막힘없이 밖으로 표출되는 것이 바로 열방 세우기다.

열방 선택하기

노우스우드 교회는 어느 한 특정 지역에 초점을 맞춘다. 그러나 나는 세상을 돌아다니며 노우스우드 교회가 미국 내에 세우고 있는 교회들이 그다음 교회를 세우는 일에 주도권을 가지고 솔선수범할 곳을 찾아다닌다. 우리가 초점을 맞출 한 국가를 선택하는 여정은 한 번의 만남으로 시작되었다. 1992년, 불가지론자였던 외과의사가 하나님을 알게 되었다. 일 년 후, 우리 교회가 미국 내에서 교회 세우기를 시작하며 동시에 우리가 섬길 미전도 종족을 놓고 기도하고 있을 무렵, 그는 우리 교회의 선교팀에서 봉사하고 있었다. 나는 중국이나 동구, 또는 중동의 어느 나라를 생각하고 있었다. 그런데 그는 내가 한 번도 염두에 두지 않은 나라를 제안하고 나서는 것이 아닌가!

내가 어릴 때 아버지는 조종사를 훈련하는 공군 기지 주변에서 목회를 하고 계셨다. 어머니는 종종 주일 오후에 군인들을 초대했는데, 그들은 내 형제와 나에게 어떻게 침을 묻혀 구두를 반짝거리게 닦는지 가르쳐주기도 하고 전쟁 이야기를 들려주기도 했다. 그때 들은 전쟁 이야기는 우리를 무척 무섭게 했다. 그들 중 몇은 결국 전쟁터에서 돌아오지 못했다는 이야기를 들으며 나의 영웅들을 빼앗아간 적에 대해 분개하곤 했다.

그곳에 가기는 정말 싫다고 도대체 어떻게 그에게 설명할 수 있단 말인가? 더구나 그는 갓 태어난 신자로서 열정적일 뿐 아니라 그 나라에서 전투 도중 세 번이나 총상을 입은 경험이 있는 사람이 아닌가! 나는 재빠르게 목사로서 내가 가지고 있는 무기인 '영적 변명거리'를 찾아내고는 이렇게 말했다. "한 번 기도해보도록 하죠." 어떤 일을 막을 수 없다면 기도해보자고 하며 그 일을 지연하는 것이 내가 신학교에서 배운 것 아닌가!

> 나는 정말 우리 교회가 그 나라만은 택하지 않기를 바랐다.

으레 하나님께서 역사하시는 방식이 그렇듯, 다음날 한 선교 단체로부터 바로 그 나라를 방문해 달라는 초청을 받았다. 이 단체는 우리가 이 일을 놓고 회의한 것을 전혀 모르고 있었으며 우리가 무엇을 하려고 하는지도 전혀 모르고 있었다. 그러니 이 일은 분명 하나님께서 진행하시는 것이었다. 나는 마지못해 가기보다는 기꺼이 가는 쪽을 택했다.

보안 문제 때문에 우리는 의도한 대로 그 나라의 수도로 날아갈 수는 없었다. 그래서 그 나라의 다른 지역으로 날아가 잡지나 책에서 보던 버려진 공군 기지에 착륙했다. 활주로에 내려 뜨거운 비행기 안에서 진땀을 흘리며 곳곳에 전쟁이 휩쓸고 간 잔해를 볼 수 있었다. 얼마나 많은 시체 운반용 자루가 조국에 운반되어 묻히기 위해 이 활주로에 줄지어 서 있었을까 혼자 생각해보았다. 마침내 비행기 문이 열렸을 때, 솔직히 말해 나는 앞으로 만나는 그 누구도 좋아하지 않을 것이라고 생각했다. 여행이 끝나갈 무렵까지도 나는 긴장을 늦출 수가 없었다. 그러나 하나님께서 내가 그곳에 있기 원하신다는 것을 알 수 있었다. 함께 간 일행들에게 나 혼자서 수도로 가고 싶다는 말을 하자 그들은 내게 그 위험성을 경고했다. 그러나 이해할 수는 없었지만 그 무엇인가가 나를 떠밀고 있음을 느낄 수 있었다.

아수라장 택시

그날 저녁 늦게 그 도시에 도착해보니 나만 영어를 사용하는 유일한 사람이었고 통역자도 없었다. 군중들의 소음과 혼란의 틈바구니에서 한 낯익은 단어가 내 귀에 들렸다. "택시!"

나를 향해 소리 지르는 곳으로 갔다. 택시 운전사가 내 요금을 받기 무섭게 수많은 사람들이 그 미니 밴 안으로 비비고 들어와 차 천정부터 바닥까지 발 디딜 틈도 없이 사람들로 꽉 찼다. 세상에, 그런 북새통이……. 무의식중에 다른 사람의 택시비까지 내는 바람에 호텔까지 15분 걸릴 것이 3시간이나 걸렸다. 호텔에서 나를 반긴 첫 번째 사람은 불친절한 경찰이었다. 그는 다짜고짜 내가 누구이며, 어디서 왔는지, 그리고 왜 이 늦은 시각에 혼자 그곳을 방문했는지 묻기 시작했다. 내 대답이 시원치 않았는지 그는 내 여권을 빼앗고는 나를 침실로 돌려보냈다. 그때 나는 이런 생각을 했던 것으로 기억한다. "낭패로군. 아무에게도 소식을 전할 수도 없고, 그리고 내가 어디에 있는지 아무도 모르지 않는가!"

그 도시와 사랑에 빠지다

다음날 아침, 인력거 모양의 자전거를 가진 한 남자가 호텔 바깥에서 나를 기다리고 있었다. 그는 내게 타라는 시늉을 했고 나는 그의 지시대로 인력거 모양의 자전거를 탔다. 그는 별로 힘든 기색도 없이 그날 나를 태우고 도시 전체를 돌아다녔다. 그리고 나는 그 도시와 사랑에 빠지게 되었다.

그가 내게 서투른 영어로 물었다. "크리스천?"

"그런데요."

그는 곧바로 나를 태우고 그 도시에 있는 모든 사원들을 볼 수 있도록 행선지를 잡는 것이 아닌가!

내가 들은 바로는 이곳 사람들은 냉담하고 무례하다고 들었는데 그들은 전혀 그렇지 않았다. 나는 그들이 너무 비열하지 않기만을 바랐는데 그들은 마치 동부 텍사스인들 만큼이나 따뜻한 사람들이었다. 그와 내가 그 인력거 모양의 자전거에서 내릴 때 그는 내 손을 잡아주기까지 했다. 처음엔 너무 당황해서 얼른 손을 뺐다(나는 텍사스 동부출신인데 내가 아는 사람 중에 남자 손을 잡아 주는 남자는 단 하나도 없었다).(미국문화에서 남자끼리 손을 잡는 것은 이상한 행동으로 오해-역자 주) 내게 미소 짓지 않은 사람들은 군인들밖에 없었다. 군인들이 우리를 스쳐 지나갈 때마다 나도 모르게 그의 손을 꼭 잡았다.

단 하루 만에 하나님께서는 나로 하여금 이 나라 전체를 사랑하도록 만드셨다. 집에 돌아와 선교팀에게 내가 경험한 것을 알려주고는 앞으로 몇 년 동안 이 나라를 미전도 종족으로 삼아 집중적으로 섬기기로 했다. 한 개인에게 주신 소명을 노우스우드 교회는 교회 전체의 사역으로 받아들였다. 노우스우드 교회에 사역지가 생긴 것이다.

위험은 원래부터 있었다

한 국가를 택하는 과정에서 나는 큰 교훈을 얻었다. 이제는 교회가 하기 싫은 일을 누군가에게 돈을 줘서 시킬 것이 아니라 교회가 앞장서서 이 일을 할 때다. 미국 교회는 오랫동안 위험을 무릅쓰지 않았다. 미국 교회는 위험을 무릅쓰고 가야 할지 가지 말아야 할지 결정할 선택

권이 있다고 생각해왔다. 우리는 이러지도 저러지도 못하는 사이에 잔뜩 빚만 진 꼴이 되고 말았다. 그러나 역사를 살펴보라. 중요치 않다거나, 너무 위험하다거나, 또는 탐탁지 않은 일이라고 생각하는 일들을 실행에 옮긴 사람들의 이야기가 바로 역사 아닌가!

네팔의 지휘관은(그는 왕궁을 책임지고 있었으며 카트만두에서 살해되기 전까지 왕의 개인 보좌관이었다) 내 친구 중 한 명이다. 하루는 그와 리더십에 관해 얘기를 나누고 있었다. 나는 그에게 질문했다. "지휘관으로서 당신 목표는 무엇입니까?"

그는 잠시 생각하고 말했다. "지휘관으로서 나의 목표는 사람들을 고무하여 하기 싫은 일을 기쁨으로 수행하도록 하는 것입니다."

나는 그에게 말했다. "당신은 훌륭한 교회 개척자 감이군요!"

그는 호탕하게 웃으며 대답했다. "하지만, 나는 힌두교도입니다."

그의 대답에 나는 미소 지으며 말했다. "글쎄요. 그 문제는 제가 어떻게 해볼 수 있을 것 같은데요."

이것이 바로 목회자나 군인의 임무다. 위험을 피해갈 권리가 우리에겐 없다. T-월드를 삶으로 실천한다는 것은 재정적, 정서적, 심지어는 육체적인 대가를 요구한다. 때로는 생명을 내걸 수도 있다. 비밀경찰, 전쟁, 폭력—우리는 이러한 것들을 헤치고 지나왔다. 서구 사회에 있는 우리는 위험으로부터 안전하게 격리되어 있었으며 그 위험을 하나의 선택 사항으로 여겨왔다. 바울이나 초대 교회가 이런 사고방식을 가지고 있었다면 어떻게 되었을까? 아마 오늘날의 교회는 존재하지 않았을 것이다. 다행스럽게도, 바울은 이런 식으로 접근하지 않았다. 이런 사고방식으로는 결코 세상 끝까지 이를 수 없다.

이 세상에 폐쇄된 국가란 없다. 비록 우리가 주님의 이름을 내걸고 할지라도, 우리의 도움마저 받아들이지 않을 나라는 없다. 그들이 받아들이지 않는 것이 있다면, 그것은 자신을 겸허하게 내려놓고 위험을 무릅쓰고 그 나라를 섬기기 거부하는 연예인 같은 서양식 슈퍼스타 설교자들일 뿐이다.

위험은 언제나 존재한다. 그러나 이 위험이란, 상황이 어려워질 때 우리를 지탱해주는 믿음이 있으면 무력해진다. 우리가 주님을

사도행전에 나오는 것처럼 복음에 온전히 합당한 삶을 산다면 위험을 피해갈 수는 없다고 나는 확신한다.

영접하는 순간, 우리의 생명조차도 주님께 드렸음을 깨달아야 한다. 본질적으로 우리는 이미 죽었다. 그러니 아무도 우리의 생명을 앗아갈 수 없다. 목사로서 나는 많은 사람들이 질병이나 암으로 엄청난 고통 중에 서서히 죽어가는 것을 보아왔다. 단 한 방의 총알이나 날카로운 칼보다 험하게 죽을 수도 있다. 우리는 모두 언젠가 어떤 식으로든 죽는다. 마지막 죽음을 정말 멋지게 장식하고 싶지 않은가? 일부러 죽으려고 하지는 말라. 단지 죽음이 올 때 두려워하지 말라. 두렵다면, 숨을 한 번 크게 들이쉬고 당신 혼자만이 아님을 알라.

물론, 지혜롭게 위험을 평가해야 한다. 그 위험이 당신을 죽일 수도 있으니까 말이다. 그 위험은 좋은 것일 수도 나쁜 것일 수도 있고, 현명하게 선택한 위험일 수도 어리석은 선택에 의한 위험일 수도 있다.

당신이 섬길 미전도 종족을 택하라

우리가 사역을 시작하기 전에 지금 내가 여러분과 나누는 내용을 알았더라면 얼마나 좋았을까 생각해본다. 참으로 감사한 것은 비록 우리가 무지할 때조차도 하나님의 은혜가 풍성했다는 사실이다. 미전도 종족과 세상에 잘 알려지지 않은 도시 등을 찾는 데는 여러 가지 길이

있다.

잘 살펴보라. 당신이 속한 지역에 다른 나라에서 이주해온 사람들이 많은지 살펴보라. 그들은 난민인가? 그렇다면, 복지 차원의 전략을 배울 기회다. 그들이 어떤 기업을 이루고 있는가? 그렇다면, 사업과 기술을 전략으로 사용할 수 있다.

연구하라. 어느 종족이 가장 당신에게 맞을지 지구상의 여러 다른 지역과 다양한 미전도 종족을 연구하라. 그 특정 나라의 요구에 부응할 수 있는 당신 교회의 강점은 무엇인가? 미전도 종족 채택 기관(Adopt-A-People Clearing House)이나 버지니아주 리치먼드에 있는 국제 선교위원회(International Mission Board) 등 어느 미전도 종족에 아직 이르지 못했는지 알려주는 기관들이 있다. 그러나 한 가지 문제가 있다면, 대부분의 이런 기관들은 선교사로서의 역할을 감당하는 교회에 대해 잘 이해하지 못하고 있으며, 따라서 이런 교회들과 무엇을 어떻게 해야 하는지 잘 모르는 경우가 많다는 것이다. 당신 교회가 원하는 것은 끝없이 기도하며 그 지역을 직접 섬기는 것이지 단지 그 기관들의 프로젝트에 자금 조달이나 하는 것이 아님을 그 기관들로 하여금 분명히 알게 해야 한다. 당신 교회의 일반 성도들이 그 나라의 문화 속으로 쉽사리 동화되어 들어갈 수 있도록 교회가 그 문화 속으로 깊이 들어가야 한다.

배우라. 당신이 들어가서 섬길 그 나라와 그 사람들을 진심으로 사랑하는 법을 배우라. 그리고 그들 역시 자기 나라에 안주하는 것이 아니라 땅 끝까지 이르도록 동원될 거라는 사실을 잊지 말라.

집중하라. 최종 목적지를 항상 기억하고 그 나라에서 초점이 분산되는 일이 없도록 하라. 우리 교회가 섬기는 어떤 나라 사람이나 또는 그 나라에서 온 사람들에게 내가 하는 말이 있다. "우리 목표는 단지 여러분의 나라를 복음화 하는 데 있지 않습니다. 우리의 목표는 전 세계를 복음화 하는 것입니다." 또한 이런 말도 한다. "여러분이 고국으로 돌아간다면, 그것은 무슨 거창한 선교라는 구호를 내걸지 않아도 되는 아주 자연스런 귀향입니다." 어느 한 특정 지역에 초점을 맞추고 그것과의 씨름을 시작하라.

택하라. 많은 사람들이 어느 종족을 택할지 결정하는 데 수년씩 걸리는 것을 나는 봐왔다. 결정할 수 없다면 한 종족을 놓고 일단 진행해 보라. 왜 일을 어렵게 진행하는가? 정말로 결정하기 어렵다면, 이미 어떤 지역에서 섬기는 다른 사람들과 당분간 파트너로서 섬겨보라. 이들로부터 조언을 얻고 배운 후에 이들이 섬기는 지역에서 가까운 곳을 택할 수도 있다.

기도하라. 그 어떤 것보다도 기도하라. 하나님께서 인도하실 것이다.

미전도 종족 문제와 관련해 너무도 많은 혼란이 있을 것에 대비하라. 어떤 이들은 4,000개의 미전도 종족이 있다고 하고, 어떤 이들은 2,000개의 미전도 종족이 있다고 한다. 어떤 사람들은 아직도 이르지 못한 미전도 종족은 200개뿐이라고 한다. 먼저 미전도 종족에 대한 개념을 이해할 필요가 있다. 또한, "이른다"라는 말이 무슨 의미인지를 이해해야 한다. 어떤 기관들은 당신이 미전도 종족을 택하기만 하면, 그것이 교회 개척 운동을 포함하든 안 하든, 그 종족에 "이른" 것이라고 여긴다. 분명한 것은, 대부분의 미전도 종족은 10/40 창(窓) (10/40창은 유럽, 아프리카, 아시아 지역의 북위 10도~40도 사이에 있는 지역을 의미한다–역자 주)에 존재한다. 마지막 남아있는 미전도 종족의 대부분이 인도에서 중동 지역 사이에 집중되어 있다. 또한, 모든 대륙의 한쪽 구석에는 아직도 미전도 종족이 존재한다.

정면 돌파 복음 전도

우리 교회가 한 특정 미전도 종족에 초점을 맞춘 이래, 지금까지 수백 명의 우리 교인들이 그 나라에 가서 수많은 인도주의적 차원의 사역을 감당하고 있다. 그곳 사람들이 원한다면 믿음을 전하면서 말이다. 그런데 신기하게도 그곳 사람들이 믿음 나누기를 원하는 것이 아닌가! 교회가 효과적인 선교사로서 열방을 세우는 일에 참여한다면, 아마 그 교회는 윌리엄 케리의 모습보다는 테레사 수녀의 모습을 더 닮았을 것이다. 우리가 섬기는 사역을 실천에 옮길 때, 틀에 박힌 20세기 선교사 모습에서 벗어나게 된다.

> 복음 전파라는 실제 사역을 위해 인도주의적인 원조를 "이용"하는 것이 아니다. 섬기는 것, 그것이 바로 우리의 실제 사역이다.

복음 전도의 순수한 동기

크리스천인 우리는 사람들이 주님을 따르든지 안 따르든지 그들을 사랑하고 섬겨야만 한다. 우리가 그들을 하나님의 창조물로 진심으로 사랑한다면 그들 중 많은 사람이 주님을 믿게 될 것이다. 그러나 우리가 인도주의적 차원에서 그들을 도와주는 것이 그리스도의 사랑을 실천하여 수천 명을 먹이고 아픈 자를 치료하는 것이 아니라 단지 그들을 회심시키기 위한 것이라면 그것은 우리가 전하는 복음에 부정적인 영향을 끼친다. (예수님 자신도 많은 사람을 먹이고 병을 치료하셨지만 어떤 이들은 주님을 따르지 않았다.) 그렇다면, 우리가 복음을 전하는 동기는 무엇인가? 다른 사람을 진심으로 사랑하기 때문이라면 어떨까?

나는 복음을 전하기 위한 미끼로 사람들을 섬기지 않는다. 오직 내 안에 있는 그리스도의 사랑이 나로 사람들을 섬기도록 한다. 다쳐서 길거리에 누워 있는 사람에게 다가가 도와주고는 "예수를 영접하시오. 내가 당신을 도왔으니"라고 할 수 있을까? 말도 안 되는 소리다. 하나님 나라는 단순히 열방에게 선포하는 것으로 그치는 것이 아니다. 그것은 실천이며, 치료하는 것이다. 우물을 파고, 배고픈 자를 먹이고, 피난처를 만들고, 농업 기술을 가르치고, 소규모 사업을 일으키는 등 실제로 도와주는 것이다. 이 모든 일들과 또, 그 외에도 수많은 다른 일들이 열방을 향한 하나님의 사랑을 보여주는 길이다. 사람들에게 "우리는 이곳에서 오랫동안 여러분과 함께 있을 것입니다. 그리고 여러분을 진심으로 사랑합니다"라고 오늘노 우리는 신포한다. 이렇게 헤서 우리는 신뢰를 얻었다.

다른 나라에서 신뢰 얻기

몇 년 전, 어떤 이상한 상황으로 한 나라의 몇몇 정부 고관을 만난 일이 있다. 그 나라는 전쟁으로 황폐해 있었는데 우리가 실제적으로 그들을 도울 길이 없는가 해서 이루어진 만남이었다. 그들은 병원, 대학교 및 기타 여러 가지 인도주의적 도움이 필요했다. 그런데 이런 일들이야말로 우리 교회 성도들이 일상의 삶에서 직업을 통해 매일 하는 일들 아닌가! 나는 그들에게 즉시 대답했다. "나는 크리스천입니다. 그러나 분명히 말하건대 하나님을 받아들이라고 당신네 사람들을 절대로 강권하지는 않겠습니다." 나는 덧붙여 말했다. "그러나 나를 비롯한 우리 일행이 이곳 사람들과 일대일로 믿음을 나누거나 하나님에 관해 대화를 나눌 경우, 그 누구도 체포되는 일은 없도록 해주십시오. 나와 협조하여 이 나라에 도움을 줄 미국에 있는 내 친구들은 크리스천임을 감추며 살고 싶지 않습니다." 내 말을 들은 그들의 대답이 뭔지 아는가? 그 중 최고위 요원이 내게 말했다. "솔직히 말씀해주셔서 고맙습니다. 선생님을 환영합니다." 그의 마음이 열린 것이다.

이것이 바로 내가 말하는 정면 돌파 복음 전도다. 다른 나라에서 우리가 일하는 이유는 그들과 충돌을 하거나 그들 문화를 비평하기 위한 것이 아니다. 미국 문화를 그들에게 주입하기 위함도 아니다. (말할 것도 없이 미국식 기독교는 그들에게 절대 주입되어서는 안 된다.) 우리는 완전히 다른 문화 즉, 하나님 왕국 문화를 창조하는 것이다. 시간이 감에 따라, 하나님 왕국 문화가 어떤 것인지 실현하기 위해 기존 문화를 터치하고 연결하여 섬기기 위한 기회를 우리는 찾고 있다.

열방을 끌어 모으라

교회가 효과적인 선교사로서 열방 세우기에 참여하려 한다면 반드시 일반 성도뿐 아니라 열방을 동원해야 한다. 왜? 백인들이 가서 열방 중에 교회를 세우는 시대는 이제 끝났기 때문이다. 나는 여러 해 동안 비록 좋은 의도에서였지만 이런 기도를 해왔다. "오! 하나님, 이 나라에 임하셔서 그들로 하여금 하나님을 향한 믿음으로 인도하소서." 이제 나는 더 이상 이런 기도를 하지 않는다. 그 대신, 나는 이런 기도를 한다. "하나님, 이 나라로부터 주님의 나라를 위해 일할, 이제껏 세상이 본 일이 없는 위대한 목회자, 선교사, 교사와 지도자들을 일으켜 세우소서. 이 나라로부터 주님의 나라를 위해 이 세상을 깜짝 놀라게 할 믿음의 성도들을 일으키소서." 예수님 자신도 우리에게 이런 맥락에서 기도할 것을 권하셨다. "이에 제자들에게 이르시되 추수할 것은 많되

일꾼은 적으니 그러므로 추수하는 주인에게 청하여 추수할 일꾼들을 보내어 주소서 하라 하시니라"(마태복음 9:37-38)

더 많은 열방을 선교 사역에 접목시키는 변화의 물결이 지난 수년 동안 점차 일어나고 있다. 여전히 서구인들이 이러한 운동을 시작하기는 하지만 결국 실천하는 데는 어려움에 봉착하고 만다. 더구나 서구 기독 문화와 그 지역의 토착 문화 사이에는 항상 긴장이 있다. 열방들은 점점 더 적극적으로 복음을 받아들이고 있으며 이러한 추세는 더욱 가속될 것이다. 개발도상 국가들이 자신의 문화를 더욱 깊이 이해하고, 자신의 이야기를 다른 나라들과 나누는 능력이 늘어감에 따라 서구인들의 역할은 계속 감소할 것이다. 너무나 오랫동안 크리스천 직업인들은 자신들이 열방을 도와야 한다는 거룩한 부담을 품고 있었지만 자신들이 너무나 미약하고 그에 걸맞은 교육을 제대로 받지 못했다고 느껴왔다. 이제 더 이상 그런 일은 없다. 상황은 변했다.

열방을 선교사로 사용하라

열방이 선교사로서 사역을 진행할 때 하나님의 나라는 엄청난 속도로 확장된다. 목표는 선교사들이 하는 '사역'이나 '일' 자체가 아니라 복음의 전파다. 선교 사역자로 하나님께서 부르신 것은 단지 백인만이 아니다. 사람들로 하여금 그리스도에 대해 듣게 하기 위해 사역지로 가서는 그 나라에 아무런 영향도 끼치지 못하고 단지 우리의 선교 전략만 발전시킨다는 것은 참으로 슬픈 현실이다. 열방이 필요한 것은 우리의 영향 그 이상이다. 열방 스스로 선교 전략을 계획할 수 있어야 한다.

> *어느 문화권의 열방이든 그 누구보다도 그 나라 사람에게 가장 잘 접근할 수 있는 사람은 바로 그 나라 사람이다.*

하나님의 왕국 확장을 원하는 열방은 기꺼이 위험을 받아들인다. 대부분의 경우, 그 나라의 정부 관료는 미국인을 단지 다시 비행기에 태워 돌려보낼 뿐이다. 그러나 자국민의 경우는 감옥에 가두고 내보내지 않는다. 그들이 그토록 위험을 기꺼이 감수하는데 우리가 수동적으로 그들의 고통과 핍박을 방관할 수는 없는 일이다.

고린도전서 1장에서 바울은 한 지체가 고통 중에 있으면 온몸이 고통을 받는다고 했다. 애석하게도 우리는 고통 받는 영적 형제들을 잊고 살아간다. 그들에게 너무 가까이 다가가면 우리에게도 똑같은 해가 미치지 않을까 우려한다. 사실, 우리에게 똑같은 고통이 생길 것은 당연한 일이다.

확신하건대, 오늘날의 사람들, 특히 젊은 세대는 이제껏 그 누구도 그 어디에서도 겪은 일이 없는 가장 힘든 도전과 어려움에 직면할 것이다. 하나님께서 그들을 덜 사랑하셔서 그런 고통을 겪게 하시는 것일까? 또는, 하나님께서 우리를 더 사랑하시기에 우리로 하여금 그런 고통을 겪지 않게 해주시는 것일까? 둘 다 아니다. 하나님의 나라를 확장하기 위해 겪어야만 하는 그 고통을 우리 모두 겪게 될 것이다.

살아오면서 내가 만난 사람들 중 가장 재능이 많고 훌륭한 젊은이 중 하나는 쿠마르라고 하는 히말라야의 산악 안내원이다(그는 교회 개척자이기도 하다.). 우리 백인들이 회의실에 앉아 어떻게 하면 그 나라에 이를 수 있을까 논의할 때, 그는 책상 끝에 앉아 있었다. 사실은 그가 앞에 나서서 그 회의를 인도해야 했을 것이다. 얼마나 오랜 시간이 흘러야 백인 위주의 선교 단체에서 벗어나 다양한 인종 배경을 가진, 실제 그 나라에 살고 있는 사람들이 선교 사역의 주체가 될 것인가? 이미 그렇게 된 중국처럼 말이다.

비용도 적게 들뿐더러 그들은 우수하고 그 나라 언어와 문화를 이미 알고 있으니 열방을 선교사로 준비시키는 것이 합리적이지 않겠는가?

그들의 효율성은 항상 우리 서구인을 앞선다. 전략을 세움에 있어 우리 백인들이 별로 잘해내지 못하고 있다는 사실을 들키는 것보다는 열방의 현지인들이 그곳에서 더 효율적으로 사역을 수행한다는 사실을 인정하는 것이 덜 창피하지 않을까 싶다.

> 전통이란 웬만해서 사라지지 않는다. 선교 단체들은 종종 전통을 하나님 나라의 확장보다 중요하게 생각하곤 한다.

미래를 위한 건축

앞에서 말한 바 있는 아시아인인 퍽 프랭크 댕(Phuc Frank Dang)은 우리 교회 사역자로서 단지 그가 속한 인종만을 위한 하나님의 선물이 아니라 그리스도의 전체 몸을 위한 하나님의 귀한 선물이다. 그는 자기 니리 시람들괴 조국에 대한 영적 부담을 가지고 있다. 그는 언젠가 자기 나라에서 사역할 것이며 또 그래야만 한다. 그러나 그는 거기에서 그치지 않을 것이다.

그는 어릴 때 아버지가 미국에서 보트피플들을 위한 재교육 캠프에 있는 동안 대나무로 만든 오두막에서 살다가 19살에 미국에 왔다. 그의 아버지는 의사였는데 보트를 타고 미국으로 도망쳐 바로 페인트칠 하는 일을 시작해 돈을 모으기 시작했다. 그의 아버지는 아내와 아이들을 미국으로 데려오기 위해 충분한 돈을 버는 것이 목표였다. 프랭크가 미국에 도착했을 때, 그는 영어를 한마디도 하지 못했다. 그러나 그는 노력 끝에 대학 입학시험을 잘 치러서 유명한 튜레인 대학에 전액 장학생으로 입학하여 수학 박사 학위까지 받았다. 여러 우여곡절 끝에 그는 마침내 주님을 영접했다. 그는 튜레인 대학을 졸업한 후, 신학 대학에 진학하기 위해 학교에서 교사로 일할 계획을 세웠다. 그때 우리 교회가 그를 영입해 우리 스태프로 삼고 신학교에 보냈다.

강렬하고 열정적인 설교자인 그가 한번은 내게 말했다. "밥 목사님, 저는 목사님과 함께 죽을 각오가 되어 있습니다. 목사님과 함께 제 나라에 가서 설교하며 섬기려고 합니다."

나는 그에게 미소 지으며 대답했다. "아닐세, 프랭크. 자네는 나와 함께 죽어서는 절대 안 되네. 나는 자네보다 조금 앞서서 해변에 닿으려고 하네. 가능한 한 해변에서 깊숙이 들어가려고 하네. 만일 그러다가 내가 쓰러지게 되면 죽기 전에 그 해변의 가시철조망 울타리에 넘어지려 하네. 그래야, 자네가 나를 타고 넘어가 계속 전진할 수 있을 테니까. 자네 나라에서 멈추어서는 안 되네. 나와 함께 죽으려고 하지 말고, 나처럼 죽으려고 하게."

그는 서툴지만 멋진 영어로 대답했다. "오케이, 밥 목사님. 그렇게 하도록 하겠습니다."

교회를 단지 외적으로 성장시키는 것을 그만두고 당신 자신이 교회가 될 준비가 됐는가? 사람들이 단지 회심하는 것이 아니라 완전히 변화되는 것을 볼 준비가 됐는가? 주일날 아침 멋진 쇼를 연출해서가 아니라, 당신 자신이 누구이며 얼마나 다른 사람들을 사랑했는가로 알려질 준비가 됐는가? 주일에만 북적대는 그런 교회를 넘어선 교회가 될 준비가 됐는가? 당신의 교회로 말미암아 당신이 속한 지역 사회가 변화되기를 원하는가? 지역 사회로부터 당신 교회는 세상과 전혀 연결되지 않았다며 무시 받는 것이 정녕 싫은가? 당신의 교회가 번영하고, 성장하며, 또 다른 교회 세우기를 원하는가? 현재의 당신 자신을 뛰어넘기 원하며, 당당히 골리앗 앞에 선 젊은 다윗의 심장을 가지고 있는가? (비록 샌들을 신고 무서워 벌벌 떨지라도 말이다.) 그렇다면, 전통이라는 무거운 갑옷을 집어던지고 팔다리를 자유롭게 쭉쭉 뻗을 수 있도록 자신을 자유롭게 하라. 운동화로 갈아 신고, MP3를 집어 들고 게임에 임하라. 나도 당신과 함께 옆에서 뛸 테니까.

깊이 생각하고 논의할 문제들

1. 당신이 사는 지역에 선교 사역 대상으로 삼을 독특한 인종 그룹이 있다거나, 혹은 당신 교회에 다른 나라에서 온 별다른 사람이 있지 않은가?
2. 당신 교회 교인의 주된 직업은 무엇인가? 그것을 어떻게 열방에 적용하여 사용할 수 있는가?
3. 그 나라에 대해 알기 위해 당신 교회 교인 중 누가 기꺼이 탐사 여행을 갈 수 있는가?
4. 당신 교회가 세상과 적극 연결되는 데 가장 큰 방해물은 무엇인가? 설명해보라.

부 록

글로컬 변화와 관련된
정보를 더 원하시면
www.glocal.net을 방문하십시오.

www.glocal.net

부록 1

교회 개척자의 자질에 대하여

필수 자질: 아래 열거한 사항 중 어느 정도 당신에게 들어맞는가?

영적 생명력

- ☐ 하나님을 개인적으로 아주 가깝게 느끼는 때가 많다.
- ☐ 영성 훈련을 실천하고 있으며 그것이 내게 아주 의미 있는 일임을 알고 있다.
- ☐ 기도에 대한 하나님의 응답을 받고 있으며 사역에서 하나님의 권능에 대한 분명한 증거를 가지고 있다.
- ☐ 내 마음에 성경 말씀이 깊숙이 각인되어 있다.
- ☐ 믿음을 실천하고 있으며 하나님에 대한 깊은 확신이 있다.

개인적 능력

- ☐ 나의 개인적인 강점과 약점에 대해 잘 알고 있다.
- ☐ 다른 사람이 나를 어떻게 생각하는지 잘 알고 있다.
- ☐ 거만해 보이지 않으면서도 자기 확신을 잘 나타낼 수 있다.
- ☐ 건설적인 비평에 대해 올바르게 반응한다.
- ☐ 다른 사람을 잘 설득할 수 있다.
- ☐ 다른 사람들이 나를 긍정적인 사람으로 평가한다.

결혼과 가정

- ☐ 배우자와 자유롭고 부드럽게 의사소통한다.
- ☐ 아이들을 사랑하되 규율을 가르친다.
- ☐ 사역과 가정을 균형 있게 잘 조화한다.

- ☐ 배우자와 잘 협력하여 각자의 역할 및 사역 참여는 물론이려니와 우선으로 중요한 것들에 대해 합의가 되어 있다.
- ☐ 다른 가정에 좋은 모범이 된다.
- ☐ 돈 문제를 잘 관리한다.
- ☐ 사역 중에도 배우자에 대해 확실한 후원을 한다.

소명의 확실성

- ☐ 하나님께서 나를 사용해 교회를 세우시도록 준비시키신다고 믿을 만한 개인적인 체험이 있다.
- ☐ 하나님과의 개인적인 시간을 통해 하나님께서 나를 이 방향으로 이끄신다는 것을 느낀다.
- ☐ 이것이 하나님께서 내게 주신 소명이라고 다른 사람이 내게 확언한 일이 있다.

시작하는 능력: 아래 열거한 사항 중 어느 정도 당신에게 들어맞는가?

관계 형성

- ☐ 새로운 사람을 사귐에 있어 주로 내가 먼저 다가간다.
- ☐ 여러 종류의 사람과 만날 때 발생하는 여러 상황에 대해 익숙하다.
- ☐ 좋은 대화기술을 가지고 있다.
- ☐ 남의 이야기를 매우 잘 들어준다.
- ☐ 내가 있음으로 해서 다른 사람들이 안정감과 편안함을 느낀다고 한다.
- ☐ 다른 사람들의 관심과 그들의 수용성을 예상할 수 있다.
- ☐ 다른 사람들을 정죄하거나 판단하는 식으로 대하지 않는다.
- ☐ 장기적인 관계를 발전시키고 유지하여 좋은 팀워크를 이룬다.

개인 복음전도

- ☐ 미전도 종족에게 복음을 전할 깊은 열정이 있다.

☐ 선교 대상으로 삼을 미전도 종족을 여럿 알고 있다.
☐ 믿지 않는 사람들과 의도적으로 여러 관계를 맺고 있다.
☐ 하나님과 상관없이 사는 사람들과 화합할 줄 안다.
☐ 미전도 종족에게 주님의 사랑과 은혜를 전파할 방법을 찾고 있다.
☐ 사람들을 그리스도 안의 믿음으로 인도하는 특별한 능력이 있다.

상황을 잘 연결하는 능력

☐ 사람들과 어떻게 하면 가장 잘 연결될 수 있는지 알고자 그들의 행동 방식 및 태도 등을 연구한다.
☐ 문화를 정확히 분석하고 해석한다.
☐ 내가 이르고자 하는 문화에 잘 연결될 수 있다(의사소통 방식, 예배 방식 등).
☐ 성서적 진리를 내가 목표로 삼는 그룹에게 잘 연결하여 설명할 수 있다.
☐ 사역의 방법을 혼합됨 없이 잘 조화시킬 수 있다.
☐ 나의 신학체계에 대해 전후 연관성과 그 영향을 잘 이해하고 있다.

유지하는 능력: 아래 열거한 사항 중 어느 정도 당신에게 들어맞는가?

기업가적 탄력성

☐ 과거에 위험을 무릅쓰고 모험을 했을 때 훌륭하게 인내하며 역경을 극복한 적이 있다.
☐ 낙관적이며 확고한 의지가 있다.
☐ 시의적절하게 확고한 의지를 보여준다.
☐ 도전을 받거나 공격을 받을 때도 너무 걱정하지 않고 흔들리지 않는다.
☐ 제한된 수단으로 훌륭하게 일을 완수한 적이 있다.

제자 삼는 능력

☐ 사역의 성공 여부를 사람들의 삶이 변화되는 것으로 측정한다.

- ☐ 갓 태어난 신규 크리스천을 잘 돌본다.
- ☐ 성도들이 영적 성장에 대한 목표를 설정하도록 하는 데 적극적이다.
- ☐ 일대일로 또는 소그룹에서 제자를 양육하는 관계를 맺고 있다.
- ☐ 변화 가능한 사람들을 제자 삼기 위한 분명한 계획과 시스템을 가지고 있다.
- ☐ 어떤 사람을 제자로 삼아 많은 경우 그 제자가 다시 제자를 양육한다.

리더십 개발 능력

- ☐ 사람들을 고무하여 그들로 하여금 하나님과 동떨어진 다른 사람들과 관계를 효과적으로 맺게 할 뿐 아니라, 믿음을 함께 나누고, 이들로 하여금 다른 이들의 영적 여행을 인도하게 한다.
- ☐ 정규적으로 성도들을 도와 그들의 영적 은사를 발견하게 하고 사역에서 그들의 재능을 개발시켜 꽃피울 수 있도록 한다.
- ☐ 리더십 개발을 위한 분명한 계획과 재생산 가능한 시스템을 가지고 있다.
- ☐ 많은 경우 내가 훈련시킨 사람들이 또다시 다른 사람들을 인도한다.

미래에 대한 능력

- ☐ 변화에 빠르고 쉽게 적응한다. 미래에 대해 많은 글을 읽고 생각한다.
- ☐ 사회 구조나 문화의 변화에 대해 예측을 하려 노력한다.
- ☐ 미래의 문화 상황에서 하나님 나라가 가시화될 경우 그 모습이 어떨까 그려본다.
- ☐ 다른 사람들이 문화의 변화를 예측하도록 돕는 데 익숙하며 그들로 하여금 변화에 대처하도록 준비시킨다.
- ☐ 아직 복음이 전파되지 않은 사각지대를 끊임없이 찾는다.

부록 2

소명에 대한 확신에 대하여

1. 자신의 개성, 취향, 강점 및 행동 특성을 설명해보라.
2. 당신에게 진정한 동기를 부여하는 가치는 무엇인가?
3. 오늘의 당신을 가능케 한 인생에서 전환점이 된 성경 구절을 대보라.
4. 교회를 세우고자 하는 열망이 어디에서 시작되었는가? 그리고 시간이 흐르며 어떻게 점차 마음속에 자리 잡게 되었는가? 이러한 열망을 심어준 주요 인물이 있는가? 이 시점까지 당신을 이끌어 온 주요 환경과 삶의 경험은 무엇인가?
5. 당신에게 닥칠 것으로 예상되는 특정 방해물(다른 교회, 사람들)과 장벽(기타 다른 환경)은 무엇인가?
6. 교회를 세우라는 소명을 당신에게 확언해준 사람은 누구인가?

부록 3

우리가 하나님 나라에 대한 주님의 비전을 붙들고
하나님 나라를 지향하는 교회를 시작한다면 어떤 일이 일어날까?

우리의 우선순위가 변한다.

1. 변화된 삶이 우선순위가 된다!
   하나님 나라를 지향하는 교회는 단지 착한 교인을 만드는 데 더 이상 만족하지 않게 되고 세상에서 진정한 "빛"과 "소금"의 역할을 감당하는 온전히 변화된 제자를 원한다. 하나님 나라를 지향하는 교회는 성공에 대한 기준 자체가 다르다.

2. 새로운 교회들을 세우는 것이 우선순위가 된다!
   하나님 나라를 지향하는 교회는 교회를 재생산한다. 새로운 교회가 주변에 생긴다는 것이 이들에게는 위협의 대상이 아니다. 이들은 생명력 넘치는 새로운 교회로 도시와 전 세계가 가득하기를 원하며, 새로운 교회를 세우는 데 있어 누구보다도 발 빠르게 움직인다.

3. 지역 사회 변화가 우선순위가 된다.
   하나님 나라를 지향하는 교회는 자신이 속한 지역 사회를 완전히 변화시키는 임팩트를 끼친다. 이들은 성도들을 동원하여 그 지역 사회를 축복하도록 한다.

4. 글로벌 임팩트가 우선순위가 된다.
   하나님 나라를 지향하는 교회는 세상을 완전히 변화시키는 임팩트를 끼친다. 이들은 "글로컬"에 초점을 맞추고 교회들을 동원하여 교회가 선교사가 되도록 한다.

5. 연합하여 기도하는 것이 우선순위가 된다.
   교회와 그 지도자들은 다른 사람들과 그리스도의 몸 안에서 연합하여 이웃, 도시, 그리고 세상의 변화를 위해 기도한다.

미주

Part 1

1. For network information and resources for a model of glocal transformation, visit www.glocal.net.
2. George Barna, *Think Like Jesus* (Nashville: Integrity, 2003).

Chapter 1: 우리의 음성을 어떻게 다시 찾을 것인가?

1. Dallas Willard, *Divine Conspiracy* (New York: Harper SanFrancisco, 1998).
2. Rick McKinley, *Jesus in the Margins* (Portland, OR: Multnomah, 2005).
3. Richard Foster, *Celebration of Discipline* (New York: Harper SanFrancisco, 1988).
4. Robert Lewis, *The Church of Irresistible Influence* (Grand Rapids: Zondervan, 2001).

Chapter 2: 도대체 교회가 자리매김해야 할 곳은 어디인가?

1. Mother Teresa, *A Simple Path* (New York: Ballantine, 1995), xxvii.
2. Stewart Brand, *The Clock of the Long Now*: Time and Responsibility (New York: Basic Books, 2000).
3. Ibid.
4. Edward Gibbon, *The Decline and Fall of the Roman Empire* (New York: Everyman's Library, 1993).
5. Stewart Brand, *The Clock of the Long Now: Time and Responsibility* (New York: Basic Books, 2000), 156.

Part 2

Chapter 4: 도대체 언제쯤이면 주님 한 분만으로 만족할 수 있을까?

1. G. K. Chesterton, *Orthodoxy* (Harrison, N.Y.: Ignatius, reprint 1995).
2. Husson Taylor, *Hudson Taylor's Spiritual Secret* (Chicago: Moody Press, 1954), 152.
3. Gordon MacDonald, *A resilient Life* (Nashville: Nelson, 2005), 20.
4. Richard Foster, *Celebration of Discipline*, 1.
5. Soren Kierkegaard, *For Self-Examination: Recommended for the Times*, trans. Edna and Howard Hong (Minneapolis: Augsburg, 1940), 66-67.
6. E. Stanley Jones, Mastery: *The Art of Mastering Life* (Nashville:

Abingdon, reprint 1991).

Chapter 5: 예수님을 따른다는 것이 과연 나 혼자만의 일일 수 있을까?

1. Jon Katzenbach and Douglas K. Smith, *The Wisdom of Teams* (New York: HarperBusiness. 2003).

Part 3

1. Howard Gardner, *Good Work: When Excellence and Ethics Meet* (New York: Basic Books, 2002) and Warren Bennis, *Geeks and Geezers* (Boston: Harvard Business School Press, 2002).

Chapter 7: 전체교회가 세상을 흔들어 놓는다면…

1. Bosch, Guder, Van Gelder, and others have written on this, but thus far it has been primarily theory. This is what we want to practice.

Chapter 8: 그 지역에서 가장 큰 교회가 되길 원하는가?
아니면 그 지역을 교회화하길 원하는가?

1. Dr. Roy Fish, class lecture, Southwestern Seminary, 1982.

GLPI 신간 서적 안내

T-월드 (GLOCALIZATION)

Bob Roberts 지음 / 서치돈 옮김

"글로컬"이란 용어는 지역(로컬)과 전 세계(글로벌) 사이의 완벽한 통합을 묘사하는 "평평한 세상"에 대한 또 다른 용어다. 이 용어가 동양에서 비롯되었다는 것은 사실 당연한 일이라 하겠다. 이 용어는 1990년대 초반 스코틀랜드의 사회학자이자 글로벌화에 대한 학문의 개척자인 롤랜드 로버슨(Roland Robertson)에 의해 널리 퍼졌으며 후에 레오나드 스위트(Leonard Sweet)가 기독교계에 이 용어를 소개했다.(중략)

나는 이 용어를 처음 접하고는 도저히 그것을 떨쳐버릴 수 없었다. 그 이후 나는 이 용어야말로 20세기의 "포스스모던"과 "구도자" 이슈가 합성된 용어만큼이나 21세기의 중요한 용어임을 확신하게 되었다. 우리는 글로컬 세상에 살고 있다. 사도행전 1장 8절의 말씀은 글로컬의 실천을 의미한다. 1단계, 2단계, 그리고 3단계 하는 식의 순차적 방식이 아니라 교회가 동시에 추구해야만 할 입체적인 사역을 말한다. 즉, 시간에 따른 일련의 사역이 아니라 모든 방향으로 동시에 진행하는 전빙향 사역이다. 주후 2000년이 지난 오늘날, 정확히 이런 식으로 움직이는 세상이 되었다는 사실이 정말 놀랍지 않은가? 서로 다른 많은 영역에서 지역과 전세계가 한데 엮이고 있다.

-본문 중에서-

전 세계적이면서(Global) 동시에 지역적인(Local) 세상이 되었다. 저자인 밥 로버츠 목사는 이것을 글로컬(Glocal)이라 부른다. 이러한 세상에 사는 우리 크리스천과 교회는 과연 어떻게 보일까? 이 새로운 세상에 우리는 어떻게 적응해야 할 것인가? 이 책은 기독교 미래의 방향과, 동시에 각 개인과 교회가 어떻게 미래와 연결될 수 있는지 제시해준다.

어디서 어떻게 교회가 성장하는지 알고 싶다면, 글로컬하게 생각하라. 즉, 지역적이면서도 동시에 세계적으로 생각하라는 말이다. 그러면, 초대 교회에서는 물론이려니와 오늘날 21세기의 교회조차도 상상할 수 없었던 영향력을 교회에 끼치게 된다. 또한, 개인이나 교회 모두 세상에서 믿음을 실제 삶에서 실천하는 전례 없는 기회를 갖게 된다.

글로컬화는 우리 시대를 변화시키고, 이 변화는 다시 교회 자체에 임팩트를 끼친다. 이것이 저자의 비전이다. 이제껏 교회가 사역이라고 생각하던 것들을 재조명하고, 어떻게 크리스천들이 서로 연결되어 온 세상과 연결될 수 있는지 이 책을 통해 발견할 수 있다. 전통적인 선교 사역에 대한 개념을 완전히 뒤집어놓는 이 책은 변화된 사람들이 어떻게 글로컬한 임팩트를 끼치는지 보여준다. 주님을 위해 이 급변하는 세상 땅끝까지 이르기 원하는 모든 교회와 성도들에게 놀라운 비전을 제시해주는 책이다.

_역자 소개

한양대학교 전자공학과를 졸업하고 LG 전자 정보통신
해외사업본부에서 사회 첫발을 내디뎠다.
1996년 미국으로 이민하여 반도체 제조업체인 TI (Texas Instruments)에서
근무하였으며, 현재 미국 전자 관련 엔지니어링 회사인
NLTTI (New Life technology & Trade, Inc.)의 CEO로 재직 중이다.
동시에, 이 책의 출판사인 GLPI (Good Life Publishing, Inc.)의
부사장으로서 문서선교에 동역하고 있다.

T-라이프 (트랜스포메이션)

초판 1쇄 발행| 2007년 3월 10일

지은이| 밥 로버츠
옮긴이| 서치돈
펴낸이| 설규식(도서출판 첨탑) / 나순규(GLPI)
펴낸곳| 도서출판 첨탑 / GLPI 공동출판

첨탑: 서울 서대문구 충정로 2가 74번지
전화 (02) 313-1781 / 팩스 (02) 313-1782
이메일 ctp1781@paran.com
출판등록번호 / 제 10-2171호   출판등록일 / 2001. 6. 19

GLPI: 3880 Greenhouse Rd Bldg 1 #27 Houston, Texas 77084 U.S.A.
전화 281-398-6636 / 팩스 281-398-5785
E-mail info@goodlifepubinc.com
홈페이지 www.goodlifepubinc.com

편집인| 설규식(도서출판 첨탑) / 나순규(GLPI)
편집책임| 서정희(GLPI)

*본 저작물의 한국어판 저작권은 Zondervan과의 독점 계약으로 한국어 판권을 'Good Life Publishing, Inc.' (GLPI)가 소유합니다.
*이 책은 저작권법에 따라 보호받는 저작물이므로 무단전재와 무단복제를 금지하며 이 책 내용의 전부 또는 일부를 이용하려면 반드시 저작권자와 (주)GLPI의 서면 동의를 받아야 합니다

ISBN 978-89-89759-40-9
책값은 뒷표지에 있습니다.

* 잘못 만들어진 책은 구입하신 곳에서 바꾸어 드립니다.

좋은 책
좋은 독자
더 아름다운 세상!

*주문처
한국: 도서출판 첨탑
미국: GLPI

한인 2세와 영어권에 한국인의 깊은 기독영성을 심는 일은 하나님이 기뻐하시는 일이며, 사탄은 싫어하는 일입니다. GLPI의 사역은 사람이 아닌 오직 하나님만을 의지하며 하나님에 의해 진행됩니다. 좋은 우리말 기독서적을 번역하여 세계시장에 보급하여 한인뿐만 아니라, 한인 2세나 영어권의 외국인들에게도 그 책을 보급하는 것은 시급한 과제입니다. 이에 저희는 신앙과 실력을 함께 겸비한 좋은 영역 번역진들과 함께할 것이며, 미 전국과 세계 영어권 독서시장을 연결하는 판매망을 통해 귀사의 서적을 교포 사회와 세계시장에 내놓는 일을 위해 전 사역자들이 최선을 다할 것입니다. 아울러 전자책 시장으로의 활발한 진출도 함께 해나갈 것입니다. 좋은 한국말 기독서적들을 세계화하는 일을 사명으로 알고 일하는 GLPI 가족들이 귀사(귀하)와 함께 새로운 세계를 만들어 나아가기를 소망합니다.